夫婦岩（めおといわ）
伊勢において、古来より日の出の拝所として崇められてきた夫婦岩。高さ9メートルの男岩と、4メートルの女岩ふたつの総称である。

式年遷宮（しきねんせんぐう）
伊勢神宮では20年に一度、旧神殿から新神殿へ神霊を移す式年遷宮が行なわれる。（アフロ）

将軍家奉納の刀
5代将軍徳川綱吉の生母桂昌院によって寄贈された短刀。将軍家も伊勢神宮に篤い信仰を寄せ、式年遷宮の際には大檀那として多額の寄付を行なっている。(神宮徴古館所蔵)

『斎内親王参宮図』
（さいないしんのうさんぐうず）
明治28年（1895）、有栖川宮熾仁親王の命により、斎宮が神宮に奉仕される様子を描いたもの。天皇家では皇祖神天照大神に対して、垂仁天皇の皇女倭姫以来、歴代の皇女が奉仕する役割を担ってきた。（神宮徴古館所蔵）

『伊勢参宮略図并東都大伝馬街繁栄之図』
（いせさんぐうりゃくずならびにとうとおおてんまがいはんえいのず）
江戸時代に入ると庶民の伊勢参詣熱が爆発的に高まり、伊勢神宮には全国から多くの参詣客が訪れるようになった。（国立国会図書館所蔵）

神嘗祭
伊勢神宮において毎年10月に行なわれる五穀豊穣に感謝する大祭。伊勢神宮では神嘗祭の際に御装束・祭器具を一新するため、「神宮の正月」ともいわれる。(伊勢神宮提供)

馬越峠(伊勢路)
伊勢と熊野を結ぶ熊野古道のひとつ伊勢路の馬越峠。標高は325メートルあり、苔むした石畳が続く。(アフロ)

『熊野那智参詣曼荼羅』
(くまのなちさんけいまんだら)

熊野山伏や熊野比丘尼が布教と勧進のために用いた曼荼羅。画面には、那智一山の社堂や、熊野にまつわる伝承が描き込まれ、見る者を飽きさせない。（國學院大學図書館所蔵）

牛玉宝印
(ごおうほういん)

寺院や神社から発行される護符の一種であるが、熊野三山のものはとくに名高い。鎌倉時代後期以降、起請文の料紙に用いられるようになった。（國學院大學資料館所蔵）

『熊野勧心十界曼荼羅』
熊野比丘尼らが布教の際の絵解きに用いた絵図。上部には人の生涯が描かれ、下部には地獄の光景が描かれている。(蓮蔵寺所蔵／津市教育委員会提供)

那智の火祭（なちひまつり）
毎年7月14日に行なわれる熊野那智大社の例大祭。飛瀧神社へ向かう扇神輿12体を参道の階段に並んだ12本の大松明が迎える。（アフロ）

御船祭（みふねまつり）
熊野速玉大社の例大祭の一部を成す10月16日の「御船祭」。熊野川において9艘の早船による競漕が行なわれる。（アフロ）

『那智瀧図』
なちのたきず

鎌倉時代に描かれた、熊野三所権現のひとつ飛瀧権現を表わす、垂迹画の名品である。飛瀧権現の御神体である那智大瀧を描くとともに、上方の岩峰には月輪を配することで、瀧が飛瀧権現であることを示している。また、下方には、杉の樹幹が屋根を貫く拝殿が描かれている。(根津美術館所蔵)

図説
地図とあらすじでわかる!

伊勢参りと熊野詣で

茂木貞純 [監修]

青春新書
INTELLIGENCE

はじめに

　旅への憧れは昔も今も変わらない。交通手段や宿泊設備の整わない昔のほうが、むしろ切実だったかもしれない。庶民が長旅をするのは一生に一度くらいで、準備も印象も今の旅とはずいぶんと違っていたのだろう。日常生活では、大半のものが農業に従事して、春から秋へと自然の循環に合わせて働き、神仏の加護のなかで慎ましく生きてきた。そんな時代、神威霊験のあらたかな神社仏閣へ参詣する旅は、何よりも増して魅力あふれるものであった。

　日本人の心の故郷として慕われた伊勢神宮。せめて一生に一度は誰もがお参りしたいと願っていた。隣接する熊野三山へも心はなびき、蟻の熊野詣でといわれるほど、多くの人々が熊野路に集まった。なぜ、伊勢神宮や熊野三山へと人々は向かったのだろうか。

　本書はそんな素朴な疑問に応えるべく、伊勢参りや熊野詣での原点、歴史や実態を、ビジュアルを用いて解説したものである。

　二〇一三年一〇月には、伊勢神宮で第六十二回式年遷宮が行なわれる。千三百年前から始まり、二〇年ごとに社殿と神宝などを新造し、新しい神殿に神々に遷っていただく大祭

典である。伊勢神宮は約二千年前に、伊勢の五十鈴川の川上に鎮座して以来、祭りが継続されて、日本人の生活の原型がよく残っている。皇室の祖神と仰がれて、今日に至るまでその本質がよく保たれている。日本中の人々が心の故郷として慕う実態が生きていると言ってよい。

熊野三山は、伊勢のさらに奥まった処、紀伊山地の果て南海に接する位置にある。熊野本宮大社と湯の峰温泉、速玉大社と御船祭、那智大社の那智滝と火祭など、それぞれ印象深い事象があるが、いずれも古い信仰に基づき、人々の記憶に残ったものだ。人里遠く離れていることもあって、よく古代の信仰を残していると言ってよいだろう。これこそが熊野信仰の魅力である。

伊勢信仰と熊野信仰は、隣接していることもあって、互いに影響を与えている。参詣という視点から見ると、そのことが良く見えてくる。江戸時代の庶民は、伊勢へ参拝して、さらに熊野にまで足を伸ばして旅を続けている。そんな昔の人々の気持ちに触れながら、現代の旅を楽しいものにしたいものだ。そして、自然豊かな伊勢地方、熊野地方だからこそ、受け継ぐことが出来た日本の心に思いを馳せて欲しい、と願うものである。

茂木貞純

図説 地図とあらすじでわかる！ 伊勢参りと熊野詣で●目次

はじめに 3

序章 伊勢参りと熊野詣で 11

伊勢信仰と熊野信仰　伊勢神宮と熊野三山への信仰の成り立ち 12

伊勢と熊野の祭事　一年を通して行なわれる様々な儀式 20

こらむ 参詣伝説① 小栗判官と熊野 26

第一章 聖地・伊勢と霊場・熊野の誕生 27

花の窟　伊弉冉尊の陵で行なわれる「死者の国」の鎮魂儀礼　28

出雲と伊勢と熊野　西方の「黄泉国」を介してつながる両地　32

素盞嗚尊　伊勢と熊野をつなぐ天照大神の弟の原像　36

八咫烏　神の使いとして信仰されたカラス　40

伊勢の原信仰　天照大神が長い巡幸を経て伊勢に鎮座した理由とは　44

熊野三山　熊野本宮大社・熊野速玉大社・熊野那智大社の一体化　48

徐福伝説　熊野の地と結びついた不老長寿の神仙思想　52

大馬神社　熊野権現の仏と伊勢大神宮の神を祀る神社　56

五十鈴川と熊野川　すべてを清める二つの「聖なる川」　58

目次

こらむ 参詣伝説② 松尾芭蕉と伊勢 60

第二章 伊勢参りと熊野詣での盛衰 61

熊野権現 垂迹思想のもとに結集した熊野の三社 62

海の修験 妙法山で行なわれた永興禅師の過酷な捨身行 66

古代の伊勢と熊野 伊勢神宮の整備と式年遷宮の立制 70

平安貴族 斎王による伊勢参詣と浄土教の聖地となった熊野 74

多賀大社「お伊勢参らばお多賀へ参れ、お伊勢お多賀の子でござる」 78

熊野古道① **伊勢路** 伊勢から海岸沿いに熊野へ至る参詣路 82

熊野古道② **大峯奥駈道** 吉野と熊野をつなぐ修験者の山道 86

蟻の熊野詣で　豪華な行列をなした上皇・貴族の度重なる参詣

熊野古道③　紀伊路（中辺路）　往復七百キロを超える浄土への旅路 90

熊野九十九王子　中辺路沿いに多数分布した熊野権現の分身 94

熊野古道④　大辺路・小辺路　海沿いの迂回路と山地を縦断する最短路 98

補陀落渡海　海の彼方にある観音の浄土を目指す捨身の船出 102

長寛勘文　伊勢・熊野同体説から巻き起こった重大な論争 106

一遍上人　熊野の地での悟りと阿弥陀信仰の隆盛 110

東国の武士　一族結束の精神的支柱となった伊勢と熊野 114

源平合戦　武家の棟梁をめぐる争いを左右した熊野の水軍 118

戦乱の世　次々と入れ替わる武家政権に聖地はいかに対応したか 122

信仰の盛衰　十六世紀、伊勢参りに参拝客を奪われた熊野詣で 126

東海道と伊勢参り　「弥次喜多」の道中記で知られた江戸時代の幹線道 130

132

8

目次

第三章 江戸庶民の伊勢参りと熊野詣で 139

江戸幕府の伊勢と熊野　二つの聖地を徳川家はいかに統治したか 140

先達と御師　各地で信仰を広め参詣者を誘致するしくみ 144

熊野比丘尼　絵解きを行ない熊野信仰を広めた女性たち 148

お蔭参りと抜け参り　数十年周期で起こった謎の社会現象と民衆運動 150

伊勢講　伊勢参りを目的に金銭を積み立て、くじ引きや順番で数人が代参 154

伊勢暦　伊勢の御師が伊勢神宮のお札と共に檀那に配った土産物 158

牛玉宝印　約束事を記す用紙として用いられた烏文字の起請文 162

西国三十三所観音巡礼　伊勢参り、熊野詣での延長で結び付いた霊場 166

伊勢と熊野の祭り それぞれの地に鎮座した神々を呼び感謝する儀式 170

参詣の作法 神聖な場所に身を置く前に求められるさまざまな約束事 174

娯楽 参詣の旅に盛り込まれた「精進落とし」と「湯治」 178

神饌 特別な方法で準備され毎日供えられる神様の食事 182

名物と土産 ご当地の名物を味わい参詣達成を祝う 186

こらむ 参詣伝説③ **和泉式部と熊野** 188

カバー写真 ◆ アフロ

口絵・本文写真 ◆ 伊勢神宮、熊野速玉大社、蓮蔵寺、國學院大學図書館、熊野市役所、新宮市役所、田辺市役所、多賀町役場、白浜町役場、津市教育委員会、アフロ

図版・DTP ◆ ハッシィ

序章

伊勢参りと熊野詣で

序章 伊勢参りと熊野詣で

伊勢信仰と熊野信仰 ——伊勢神宮と熊野三山への信仰の成り立ち

◎皇祖神を祀る神社として特別視された伊勢神宮

伊勢の五十鈴川のほとりに鎮座する伊勢神宮は、日本で最も格式の高い神社として、古来より国民の崇敬を集めてきた。皇祖天照大神を祭神とするゆえに、

伊勢神宮は、神路山の麓にある内宮と山田原にある外宮からなり、天照大神を祀る内宮は別宮十、摂社二十七、末社十六、所管社三十を擁し、天照大神の食事を司る豊受大神を祀る外宮は別宮四、摂社十六、末社八、所管社四を擁する。

その起源は神話時代に遡る。『日本書紀』によれば、孫の瓊瓊杵尊が天孫降臨する際、天照大神は自らの魂である八咫鏡を授けた。鏡は宮殿で奉祀されていたが、崇神天皇の時代に、神人分離の考えから宮殿外で祀られるようになり、垂仁天皇の時代になると、皇女倭姫が八咫鏡の鎮座地を求めて各地を巡幸し、天照大神の神託により、五十鈴川のほとりに宮を立てて祀ったという。

序章　伊勢参りと熊野詣で

●『倭姫命世記』による天照大神の巡幸

倭姫が斎王となる。

伊勢神宮内宮

『倭姫命世記』によれば、天照大神は豊鍬入姫、倭姫と2代の斎王とともに、吉備から尾張までの広範囲を、鎮座地を求めて巡幸したとされる。

さらに雄略天皇の時代、天皇の夢に天照大神が現われ、丹波国の真奈井に坐す豊受大神を自分のそばに祀ってほしいと告げた。この神託に従い、天照大神の食事を司る豊受大神を迎え、外宮に祀ったという。

七世紀に入ると、大海人皇子（後の天武天皇）が壬申の乱に際し、伊勢神宮を遥拝し戦勝を祈願して勝利を収め、伊勢神宮の地位は高まった。天武天皇は、伊勢神宮の重要性が明確になった。伊勢神宮の祭祀は天皇に赴き奉仕する制度を確立し、皇女が斎王として伊勢に赴き奉仕する制度を確立し、天皇が主宰することが原則で、天皇以外は幣帛を奉ることができない「私幣禁断」の神社とされた。

このような特別の存在であるがゆえに、伊勢神宮は古くから多くの人々の崇敬を集めることとなった。平安時代中期になると、神宮経済の変化のなかで貴族が祈祷を受けるようになり、やがて、御師と呼ばれる神職が全国各地を回って信仰を広めるようになると、諸国の武士たちが自らの領土を御厨として献上し、神領も増加した。

鎌倉時代以降は、仏教の高僧や武家政権の将軍が参宮するなど、さらに崇敬は広まり、豊臣氏・徳川氏の政権においても伊勢神宮は特別視され、領地を安堵されている。

中世以降、伊勢信仰は庶民の信仰としても発展し、御師たちは地方を回っては檀那（信

序章　伊勢参りと熊野詣で

こらむ

伊勢の式年遷宮

　伊勢神宮では、20年ごとに正殿など殿舎、調度類、神宝をすべて一新する「式年遷宮」が行なわれている。持統天皇の690年に始まったとされるが、遷宮を行なう理由については諸説あり、明確ではない。

　まずは、社殿の耐久年数が20年であるとする説、宮大工などの技能を次代に継承するのに適当な年数であるという説がある。また、旧暦の11月1日と冬至が重なる「朔旦冬至」が約20年周期で発生することに関係ありとする説もある。さらには、20年を人生の一区切りとして生命の更新と見なす説、古代の宮殿が20年で遷都されていた事実に基づくとする説、稲の最長貯蔵期限が20年だったことに関連付ける説などがある。

　江戸時代、伊勢信仰は頂点を迎えたといえる。各地方では、一生に一度は伊勢参りに出かける風習が定着するようになった。また、短期間に大量の参詣者が伊勢神宮へ押し寄せる「お蔭参り」や、奉公人や子供が主人や親の許可を得ずに伊勢へ向かう「抜け参り」も流行した。

　伊勢参りがここまで庶民信仰として定着したのは、皇祖神を祀る格式の高い特別な神社であることに加え、食物の神である豊受大神が、庶民の関心が高い農耕の神として深く信仰された点も挙げられるだろう。

　仰者）を次々と組織化し、伊勢参りを目的に共同で資金を積み立てる「伊勢講」が全国各地で成立した。

15

明治維新後の祭政一致制度のもとで、伊勢神宮はその中核に位置付けられるが、御師のしくみは廃止された。さらに、戦後は占領政策により、神道は国家から分離され、伊勢神宮を取り巻く環境は大きく変化した。しかし現在もなお、日本を代表する神社として参詣客は絶えることがない。

❁霊地、浄土として信仰された熊野

紀伊地方の熊野は、深い森に包まれた山々が海岸線近くまで迫るという地形的特徴を持ち、古くから霊地として崇められた。国生み神話で知られる伊弉冉尊を祀った地とされることから、死者の霊が宿る場所、他界への入口と見なされ、崇敬を集めるようになる。奈良時代には、吉野や高野山にもつながる山岳信仰の聖地として修験者が活動するようになり、平安時代には早くも熊野修験道が成立している。

熊野信仰の中心となったのは、熊野本宮大社、熊野速玉大社、熊野那智大社の三社である。当初はそれぞれ独立した存在であったが、やがて、互いの神を祀り合って一体化し、熊野三山、熊野三所権現と称されるようになった。

その後、浄土信仰の隆盛に伴って本宮の本地仏が阿弥陀如来とされるなど、熊野が仏

16

序章　伊勢参りと熊野詣で

ええじゃないか

幕末に起こった社会現象「ええじゃないか」もお蔭参りとの関係が指摘されている。

　の浄土と見なされるようになると、平安時代以降、上皇や貴族らが盛んに参詣するようになる。参詣の回数が功徳に比例するとされたため、後白河法皇は三十四回も参詣するなど、院政期には時の法皇が百年間に九十回も熊野詣でを行なったという。参詣道沿いには分祀社が設けられ、その数の多さから九十九王子とも呼ばれた。

　また、那智大社の近くにある補陀洛山寺は、海の彼方にあるという浄土を目指して死出の船出をする「補陀落渡海」の拠点となった。

　豊富な木材と天然の良港を有する熊野には、早くから水軍が生まれた。「熊野水軍」と呼ばれたこの軍事組織は、三山の統括者である熊野別当の指揮下で強大化し、平安時代

後期の源平の争乱においては源氏方に付き、勝敗を左右する存在ともなった。熊野三山は、信仰のみならず、政治・軍事面においても大きな影響力を持つようになったのである。

鎌倉時代には武士の参詣が増え、熊野の護符である牛玉宝印は、起請文（誓約書）を記す用途にも用いられた。熊野は「浄不浄を問わず」を謳い、幅広く門戸を開放したため、北条政子など女性の権力者・皇族による参詣も多く、熊野信仰の流布を後押しした。

中世以降の熊野信仰は、それまでの貴族・武士階級に加え、庶民層にも広がっていった。これに伴い、熊野詣での道案内をする「先達」、先達が連れてきた参詣者を引き継いで宿泊や参拝の世話をする「御師」のしくみが整備された。さらに、熊野比丘尼と呼ばれる女性たちが各地を巡って曼荼羅を用いた絵解きを行ない、庶民らに熊野詣でを呼びかけた。

こうして、熊野は貴族・武士から庶民まで幅広い層の信仰を集めるようになり、大勢で列をなして参詣するさまは「蟻の熊野詣で」と譬揄されるほどであった。

しかしその後は、庶民による伊勢参りが隆盛を迎える一方で、立地条件で不利な熊野詣では逆に衰退気味となった。ただし、熊野詣では西国巡礼の一環として組み入れられる形となり、東国からの伊勢参りの延長として熊野を訪れる参詣者は少なくなかった。

明治以降は、三社がそれぞれ独立した存在に改められ、現在に至っている。

序章　伊勢参りと熊野詣で

紀伊の霊場と熊野古道

紀伊半島には、高野山、熊野、吉野、伊勢神宮と古代からの聖地が点在し、熊野古道によって結ばれている。

紀伊山地

古来、様々な信仰の舞台となってきた紀伊山地。

19

序章 伊勢参りと熊野詣で

伊勢と熊野の祭事 ——一年を通して行なわれる様々な儀式

◉神に新穀を捧げる神嘗祭

伊勢神宮では年間千数百回の祭事が行なわれている。大別すると、国家の重大事に行なわれる臨時祭、毎年定期的に行なわれる恒例祭の三種に分かれる。恒例祭のなかでも重要なのが神嘗祭と月次祭（六月と十二月の年二回）で、三節祭と呼ばれる。これに祈年祭、新嘗祭を加えて五大祭と呼ばれる。

五大祭は、二月の祈年祭から始まる。祈年祭は「としごいのまつり」とも呼ばれ、その年の五穀豊穣を祈願する。六月と十二月には、神嘗祭に準じる形式で月次祭が行なわれる。

十月の神嘗祭は天照大神に新穀を奉るもので、最も重要な祭事とされる。神嘗祭に際しては、調度品などがすべて新調される。神嘗祭に関連して、神宮神田では、神田下種祭、抜穂祭など、一年を通じてさまざまな祭事が行なわれる。

十一月の新嘗祭はその年の収穫に感謝する宮中祭祀で、併せて神宮でも祭事を執り行な

序章　伊勢参りと熊野詣で

伊勢神宮の式年遷宮の流れ

- 杵築祭（こつきさい）
- 後鎮祭（ごちんさい）
- 御装束神宝読合（おんしょうぞくしんぽうとくごう）
- 川原大祓（かわらおおはらい）
- 御飾（おかざり）
- **遷御（せんぎょ）** — 大御神が神殿へと移る、遷宮中でも重要な行事。
- 大御饌（おおみけ）
- 奉幣（ほうへい）
- 古物渡（こもつわたし）
- 御神楽御饌（みかぐらみけ）
- 御神楽（みかぐら）

- 宇治橋渡始式（うじばしわたりはじめしき） — 内宮の宇治橋を新しく架け替える。渡女を先頭に全国から選ばれた三代揃いの夫婦が渡り初めを行なう。
- 立柱祭（りっちゅうさい）
- 御形祭（ごぎょうさい）
- 上棟祭（じょうとうさい）
- 檐付祭（のきつけさい）
- 甍祭（いらかさい）
- 御白石持行事（おしらいしもちぎょうじ）
- 御戸祭（みとさい）
- 御船代奉納式（みふなしろほうのうしき）
- 洗清（あらいきよめ）
- 心御柱奉建（しんのみはしらほうけん）

- 山口祭（やまぐちさい）
- 木本祭（このもとさい）
- 御杣始祭（みそまはじめさい）
- 御樋代木奉曳式（みひしろぎほうえいしき）
- 御船代祭（みふなしろさい）
- 御木曳初式（おきひきぞめしき）
- 木造始祭（こづくりはじめさい）
- 御木曳行事（おきひきぎょうじ）（第1次）
- 仮御樋代木伐採式（かりみひしろぎばっさいしき）
- 御木曳行事（おきひきぎょうじ）（第2次）
- 鎮地祭（ちんちさい）

式年遷宮が行なわれるのは、神の霊力を回復するため、また、社殿建築の継承のためなどといわれるが定かではない。20年に1度行なわれる遷宮では、8年にわたって30の祭儀が行なわれる。

21

う。神嘗祭、祈年祭、新嘗祭には勅使も参向する。また、外宮のみで毎日行なわれる祭事として、朝夕の二回、神々に食事を奉る日別朝夕大御饌祭がある。

三社それぞれの例大祭

熊野三山では、三社がそれぞれ別の時期に行なう例大祭が主要な祭事で、それぞれに特徴がある。四月の本宮大社例大祭では、大祭に先立ち、湯登神事、宮渡神事が行なわれる。湯登神事では、神の憑坐である稚児らが湯の峰温泉で潔斎をしたのち、父親に肩車されて大日峠を越える。その後の大祭では、華やかに飾り立てられた神輿の行列が旧社地に向かう御輿渡御が行なわれる。

七月の那智大社例大祭は「那智の火祭」として知られ、それぞれ十二体の扇神輿と大松明が参道で対峙する。扇神輿は太陽の象徴とされ、豊作祈願の儀礼といわれる。

十月の速玉大社例大祭では、渡御神事と御船祭が行なわれる。渡御神事は神馬に神霊を乗せて御旅所に向かう祭事で、翌日の御船祭では、神霊は神幸船に移り、約一・六キロ上流にある御船島まで新宮川を遡上する。このとき、先導役の早船九艘による競漕が行

序　章　伊勢参りと熊野詣で

御船祭

熊野速玉大社の例大祭の一部を成す10月16日の「御船祭」。熊野川において9艘の早船による競漕が行なわれる。（アフロ）

なわれる。この祭りは、熊野権現の鎮座伝説を再現したものともいわれる。

そのほかにも、熊野ではさまざまな祭事が行なわれている。二月と十月には花窟神社の例大祭があり、神体である岩と神木に約百七十メートルの大綱を掛け渡すお綱掛け神事が行なわれる。

神倉神社で二月に行なわれる御燈祭は、新年に火の更新をする祭事で、上り子（参加者）たちは、速玉大社、阿須賀神社、妙心寺を巡拝し、山上の神倉神社に集まる。夜の八時頃、赤々と燃える松明を手にした二千人もの一群は、合図とともに一斉に石段を駆け下りる。このように、熊野の祭事には勇壮で豪快なものが多く見られる。

	1月	2月	3月	4月	5月	
伊勢	1日 歳旦祭 1日 元始祭 3日 元始祭	11日 建国記念祭 17日 祈念祭	春分の日 御園祭	上旬 神田下種祭	1日 神御衣奉織始祭 14日 神御衣祭 中旬 風日祈祭 中旬 御田植初 1日 御酒殿祭（月次祭付属）	
熊野	1日 開寅祭（本宮） 7日 八咫烏神事（本宮） 15日 お粥祭（本宮）	6日 お燈祭（神倉神社／速玉）		**13−15日 例大祭（本宮）** 湯登神事（湯峯王子）・宮渡神事（大斎原）・船玉祭・祓戸天神祭・前夜祭（本社）・神輿渡御・御田祭（大斎原）		

24

伊勢・熊野の祭事

12月	11月	10月	9月	8月	7月	6月
31日 大祓 15日 月次祭 1日 御酒殿祭（月次祭付属）	23-29日 新嘗祭	**15-25日 神嘗祭** 5日 御塩殿祭 1日 御酒殿祭	上旬 抜穂祭	4日 風日祈祭 神嘗祭付属の祭典と儀式	神嘗祭付属の祭典と儀式	30日 夏越大祓 15-16日 月次祭
10日 御竈木祭	14日 紅葉祭	**15-16日 例大祭（速玉）** 神馬渡御式・御船祭		15日 萬灯祭（本宮）	14日 扇立祭（速玉） 御滝神事・扇ほめ神事・那瀑の舞（飛瀧権現） 大和舞・那智田楽・扇神輿渡御（本社） **13-15日 例大祭「那智の火祭」（那智）**	

25

こらむ 参詣伝説①

小栗判官と熊野

　熊野本宮大社にほど近い湯の峰温泉のつぼ湯は、中世を舞台にした「小栗判官」の蘇生伝説で古くから知られている。この伝説は物語化され、歌舞伎や浄瑠璃になり、近世には近松門左衛門が「当世小栗判官」を著すなど広く流布した。この伝説を通じて熊野が広く喧伝され、多くの人々を熊野参詣へと導くきっかけになったのである。

　その伝説は次のような筋書きである。三条高倉の大納言兼家の子小栗判官は、大蛇の分身と契り災いをもたらしたため、常陸国へ流される。その地で相模の郡代の娘照手姫に強引に婿入りし、怒った姫の父や兄弟に毒殺されてしまう。しかし閻魔大王の寛大な裁きにより小栗は餓鬼の姿で蘇生した。「熊野の湯の峰に入れれば元の姿に戻る」という彼の胸札を見た時宗の藤沢の上人は、「この車を一度引いたものは千僧供養、二度引いたものは万僧供養」と書き加えて、小栗を土車に乗せた。多くの人々が土車を引いたが、引き手の中には流浪の末、美濃国で下働きとなっていた照手姫も、夫とは知らずに加わっていた。つぼ湯に入った小栗は元の姿に戻り、照手姫と幸せに暮らしたという。

　この異形と化した小栗が人々の助けを得て蘇生する内容には、浄不浄を問わず救済するという熊野信仰の特徴がよく現れている。

　なお熊野の中辺路には、土車を埋めた「車塚」、復活した小栗が力を試したという「力石」などの伝説地が残されている。

第一章

聖地・伊勢と霊場・熊野の誕生

第一章 聖地・伊勢と霊場・熊野の誕生

花の窟

―― 伊弉冉尊の陵で行なわれる「死者の国」の鎮魂儀礼

●伊弉冉尊を葬った花の窟

伊勢と熊野のつながりを明らかにする前に、まずは、熊野にはどのような信仰が育まれていたのかを見ていきたい。

熊野は、樹木が鬱蒼と生い茂る深い山岳地帯にして、山地のすぐそばに海岸線があるという独特の地形が広がる地である。訪れる人を拒むような雄大な自然に、古代の人々は畏怖の念を抱いたのだろう。「隠国」、すなわち、外界とはかけ離れた異界への入口、死者の霊魂がこもる死者の国と見なしてきた。

『古事記』『日本書紀』などの神話においても、熊野は「死者の国」というイメージで描かれているが、その象徴といえるのが、熊野市有馬町の七里御浜にある花窟神社である。

この神社は、伊弉冉尊が埋葬された場所として信仰されてきた。

『日本書紀』によると、伊弉冉尊は伊弉諾尊とともに、大八島国（日本の国土）や神々

第一章　聖地・伊勢と霊場・熊野の誕生

花窟神社のお綱掛け神事

伊弉冉尊の陵墓と伝わる花の窟から綱が掛け渡され、神事に参加した人々が伊弉冉尊とつながる。

　を次々と生み成したが、火の神である軻遇突智を産み落とした際に陰部を焼かれ、これが原因で亡くなってしまう。その亡骸は熊野の有馬村に葬られたとされ、土地の人々は、季節の花を供え、鼓、笛、幡でもって歌い舞って、これを祀ったという。

　その伊弉冉尊が葬られた場所が花窟神社であり、ここにある高さ約四十五メートルの大岩が伊弉冉尊の神体とされる。その南には、王子の窟と呼ばれる、高さ約十二メートルの岩があり、軻遇突智が祀られているという。

　かくして、伊弉冉尊の陵（墓）とされた花の窟は、黄泉国（死者の国）の入口ともされた。その背景として、洞穴は神霊の出現地であるとする信仰の存在に加え、この地には

水葬や風葬、納骨の伝承が残されるなど、他界への入口と見なされていたことがある。と
くに、水葬された人々の霊は常世国（永遠の国）へ赴くと常世神となり、海の彼方から来
訪して豊作をもたらすと信じられていた。
『日本書紀』には、少彦名が熊野から常世国に行ったり、神武天皇の兄が浪の秀を踏ん
で常世郷に行ったという記述があり、熊野においては、死と復活、常世国など、さまざま
な形での他界信仰が発展した。

●現代に受け継がれる鎮魂儀礼

このような熊野の他界信仰を象徴する神事が、花祭りである。この場所に季節の花を供
え、歌い舞ったという伝承は、花の窟を伊弉冉尊の陵と見なし、鎮魂儀礼である最古の花
祭りが行なわれたことを示すもので、死者信仰を表わす神事であるといえる。中世になる
と、死者供養のために卒塔婆が立てられ、埋経も行なわれるようになった。
今でもその信仰は、二月と十月に行なわれる「お綱掛け神事」に受け継がれている。こ
れは、幡や花、扇を付けた大綱を、神体の岩から神木の松に掛け渡す神事で、花祭りと同
様、死者の鎮魂を意味する儀礼である。

第一章 聖地・伊勢と霊場・熊野の誕生

● 死者の世界・熊野

- 伊勢へ向かった僧が捨身行を行なう。
- 火の神を産んで命を落とした伊弉冉尊が葬られたと伝わる。
- 中世、滝籠りが行なわれ、命を落とした人も多かった。
- 第四神殿の祭神である夫須美大神は、死んだ伊弉冉尊といわれる。
- 第二の主神速玉大神は、伊弉諾尊のケガレを祓う役割を持つ。
- 貞観10年（868）以来、補陀落渡海の風習が根強く残っていた。

熊野一帯には「死」を連想させる場所や伝説が散在し、多くの学者が熊野を「死者の世界」と捉えている。

31

出雲と伊勢と熊野 ── 西方の「黄泉国」を介してつながる両地

第一章 聖地・伊勢・熊野の霊場・熊野誕生

◎出雲に祀られる熊野大神

紀伊半島南部に位置する熊野は、古くから死者の霊が宿る国とされてきたが、「熊野」の語源については諸説がある。

昔、この地に大きな熊が現われたという話が『古事記』にあり、熊野の地名もこれに由来するという説があるほか、クマを「米」の意とし、米のとれる場所とする説がある。さらに、クマは「こもる」の意で、神のこもる聖域とする説や、クマに「隈」（奥まった地）の字をあて、未開地を意味する「野」と合わせて、都から遠い場所にある未開地とする説もある。このほか、クマを「神」の古語と見なす説、朝鮮の地名「熊成」と起源を同じくするもので、熊を神と見なす古代信仰に基づくとする説などもある。

熊野という地名は、紀伊だけではなく、丹後国の熊野郡、但馬国の熊野郷など全国に散見される。いずれも畿内の周辺部にあり、都から見て「隈」にあたる場所にある。その多

第一章 聖地・伊勢と霊場・熊野の誕生

伊弉冉尊の埋葬地と熊野の地名

脳の磯

出雲国において黄泉国への入口とされた洞窟。

出雲国 熊野大社

但馬国二方郡 熊野郷

丹後国 熊野神社

越国 熊野神社

比婆山
『古事記』において、伊弉冉尊（伊邪那美命）を葬った地といわれる。

花の窟
『日本書紀』において、伊弉冉尊を葬った地といわれる。

伊予国 熊野岑

近江国 熊野神社

紀伊国 熊野

伊弉冉尊の埋葬地については、『古事記』と『日本書紀』で別々の場所が記されている。

くは、海の近くに位置して背後に山があり、黄泉国など死にまつわる伝承が残されている。

これら「熊野」の地名が残る場所のなかでも、紀伊の熊野と不思議なつながりが見られるのが、出雲である。出雲には紀伊と同じく熊野大社があり、熊野大神が祀られているが、『出雲国風土記』によると、出雲にある神社のなかで大社とされているのは、大国主命を祀る出雲大社と熊野大社のみだった。つまり熊野大神は、大国主命と並ぶ出雲の最高神に位置付けられていたことになる。

また、出雲では古くから地名や神名に「熊」の字が多く用いられた。熊野大社があったのは熊野山（天狗山）であり、この地にゆかりの深い神名として「熊野樟日命」「熊野忍稲命」などがある。

こうした点から、古代の出雲と熊野には何らかの交流があった可能性があり、熊野本宮・新宮の祭神は出雲国の人々がもたらしたとする説もある。

☾ 太陽が沈む西の国

出雲と熊野はともに、記紀神話において「幽世」（あの世）と認識されていた。『日本書紀』では、一書によれば伊弉冉尊は熊野に葬られたと記されているが、『古事記』

第一章　聖地・伊勢と霊場・熊野の誕生

熊野三山の祭神と日本神話の神々

[熊野本宮大社]

主神 家都美御子大神 ＝ 須佐之男命
けつみみこおおかみ　　　　すさのおのみこと

[熊野速玉大社]

主神 熊野速玉大神 ＝ 伊邪那岐命
くまのはやたまおおかみ

[熊野那智大社]

主神 熊野夫須美神 ＝ 伊邪那美命
ふすびのかみ

熊野三山それぞれの主神は、いつしか日本神話の体系に登場する神々と同一の神とされるようになった。

では、伊弉冉尊は出雲国の国境付近にある「比婆之山」に葬られ、黄泉国の入口は出雲にあると記されている。

出雲が幽世と見なされた理由の一つとして、古代の都があった大和の地から見て、太陽の沈む西の方角に位置していたことが挙げられる。『日本書紀』では、一書によれば大己貴命（大国主命）が祀られた天日隅宮（現在の出雲大社）は「太陽の沈む聖地」であるとしている。

これに対し、太陽が昇る聖地、幽国に対比される顕国（この世）として崇められたのが、都から見て東方にある伊勢であった。

このように、古代における熊野と伊勢のつながりは、出雲を介しても垣間見られる。

35

第一章 聖地・伊勢と熊野の霊場・熊野誕生

素盞嗚尊
―― 伊勢と熊野をつなぐ天照大神の弟の原像

◉紀伊の国に登場する素盞嗚尊

八岐大蛇退治で有名な素盞嗚尊も、伊勢と熊野をつなぐ存在である。

素盞嗚尊は伊勢神宮の祭神天照大神の弟で、母伊弉冉尊の坐す「根の国」（黄泉国）へ行きたいと願っていたが、粗暴な性格であり、田を荒らすなどの悪事を繰り返した。これに怒った天照大神が岩屋戸に引きこもる事件が起きたため、罰として素盞嗚尊は下界の出雲へ追放された。しかし、出雲で八岐大蛇を退治して英雄となり、この地に鎮座することとなった。

このように、素盞嗚尊は出雲と関わりが深い神であるが、紀伊の国とも関わりがある。その鍵となるのが、素盞嗚尊の子大屋毘古神である。

『古事記』によると、大国主命は兄たちから疎まれて殺され、その後に再生したものの、なおも兄たちから追われた。その大国主命を、「木の国」（紀伊国）の大屋毘古神がかくま

第一章 聖地・伊勢と霊場・熊野の誕生

素盞嗚尊の系譜

```
伊邪那岐命
 ├─ 天照大御神
 ├─ 月読命
 └─ 須佐之男命
     ├─（櫛名田比売との間）
     │   └─ 八島士奴美神
     │       └─ 大屋津姫命
     │           └─ 五十猛命（＝大屋毘古神）
     ├─（神大市比売との間）
     │   ├─ 大年神
     │   └─ 宇迦之御魂神
     └─ 須世理毘売命
         多紀理毘売命
         市寸島比売命
         多岐都比売命
```

『日本書紀』に登場する五十猛命は、素盞嗚尊（須佐之男命）の御子神で植樹を行なったとされ、『古事記』の大屋毘古神と同神といわれる。

い、根の国にいた素盞嗚尊のもとへ逃がしたという。その後、大国主命はいくつかの試練を経て、地上の王となる資格を与えられる。

『日本書紀』では、一書による伝承として、大屋毘古神と同神とされる五十猛命が父素盞嗚尊とともに朝鮮半島の新羅を経て出雲に降り、五十猛神は日本国中に植樹をして回ったのち、紀伊に鎮座したという話が述べられている。

出雲と紀伊にある須佐神社

こうした神話の背景を示すかのように、素盞嗚尊を祀る須佐神社が、出雲と紀伊（有田）の双方に存在する。

『出雲国風土記』では、飯石郡須佐郷にや

37

って来た素戔嗚尊がこの地を気に入り、須佐神社がある場所に鎮座したという伝承が記され、須佐郷を素戔嗚尊の本拠地としている。

このほかにも、『出雲国風土記』には素戔嗚尊に関する記述がいくつか見られるが、いずれも牧歌的な神として記され、『古事記』が記すような荒（あら）ぶる要素は全く見られない。記紀神話よりこちらのほうが、素戔嗚尊の原信仰をより忠実に伝えていると一般には考えられている。

一方、紀伊の有田にある須佐神社は、平安時代には、出雲の須佐神社より格上とされていた。出雲の須佐神社が神階を授けられていないのに対し、紀伊の須佐神社は従五位上（じゅごいのじょう）の神階を授けられており、当時はこちらが重視されていたことがわかる。また、熊野本宮大社の家都美御子神（けつみみこのかみ）は素戔嗚尊と同神ともいわれている。こうした背景から、素戔嗚尊の本拠は紀伊にあったとする説もある。

紀伊と出雲、どちらが素戔嗚尊の本拠であるかは定かではないが、これらが日本神話の体系に取り込まれて、記紀神話の素戔嗚尊像へと昇華していったと考えられている。

姉天照大神の伊勢と弟素戔嗚尊の出雲は対比されることが多いが、紀伊の熊野も素戔嗚尊と関わりの深い土地の一つであり、熊野と伊勢をつなぐ存在だったといえる。

第一章 聖地・伊勢と霊場・熊野の誕生

和歌山の須佐神社

須佐神社（有田市）
須佐神社（御坊市）
須佐神社（田辺市）
熊野

素盞嗚尊の故郷出雲から遠く離れた和歌山にも、3つの須佐神社が鎮座している。日本神話には木の国として登場する和歌山を舞台に、素盞嗚尊の御子神である五十猛命（大屋毘古神）が活躍しており、じつは密接な関係にある。

須佐神社

素盞嗚尊を祀る出雲市の須佐神社。素盞嗚尊はもともとこの地域に根付いた製鉄技術を持つ集団が崇めた神だったともいわれる。

八咫烏 —— 神の使いとして信仰されたカラス

第一章 聖地・伊勢と霊場・熊野の誕生

●神武天皇の東征を助けた八咫烏

熊野は天照大神の弟素盞嗚尊が鎮座する地として重視されるなど、伊勢との関わりが深い土地だが、さらに、熊野三山の守り神ともいわれる八咫烏（やたがらす）が神武天皇の東征（とうせい）を助けたという神話も存在する。

天照大神の子孫である磐余彦尊（いわれびこのみこと）は、天下を治めるため、九州から大和（やまと）を目指し東征を開始したが、河内（かわち）から上陸しようとしたところで敵対勢力の抵抗にあったため、経路を変更し、紀伊半島沿いに海上を南下して熊野から上陸した。

ところが、険しい山中で一行は道に迷ってしまう。そのとき、『日本書紀』によると、磐余彦尊の夢に天照大神が現われ、案内役に八咫烏を遣（つか）わすというお告げがなされた。八咫烏の先導により、一行は無事に吉野（よしの）を越えて大和に入り、一帯を平定する。こうして、磐余彦尊は神武天皇として即位した。

全国の主なカラス信仰

厳島神社
御島巡式において養父崎神社の沖合いで「お烏喰神事」が行なわれる。

多賀大社
4月22日の大祭に先立ち、カラスに供物を食べさせる「先食行事」を行なう。

津島神社
旧暦の正月26日（2月26日）、生米を本殿などに撒いてカラスを呼ぶ「烏呼神事」が行なわれる。

上賀茂神社
9月に子供たちによる烏相撲が奉納される。

熱田神宮
2月と11月に、摂社の御田神社で「烏祭」を行ない、シトギをカラスに食わせる。

カラスは古くから神の使いと考えられていた。その名残から、現在もさまざまな神社でカラスにまつわる神事が行なわれている。

平安時代初期に編纂された古代氏族名鑑である『新撰姓氏録』によると、八咫烏は賀茂建角身命の化身で、この功績により「八咫烏」の名を賜ったとあり、京都の賀茂神社の神官を代々務めてきた鴨氏は、その子孫といわれる。

熊野のミサキ神であるカラス

古代の神話において、カラスは神に近い「霊鳥」と見なされていた。とくに熊野では、神の使いであるミサキ神として信仰されていた。八咫烏が神武東征を先導したという伝説は、このミサキ神の信仰から生まれたものだろう。

八咫烏とは本居宣長によると、「大きなカ

41

ラス」という意味であるという。また、古代中国には、太陽の中に三本足のカラスが棲むという「射日神話」があった。熊野の八咫烏は、この神話の影響を受けたためか、三本足のカラスとして広まった。

やがて、八咫烏は熊野三山の守り神となり、護符である牛王宝印にもその姿が描かれるようになった。牛王宝印は中世以降、武士の起請文を記す用紙としても使われたが、ここに記された誓いを破ると、熊野のカラスが三羽死に、破った当人は地獄へ堕ちるとされた。

なお、先に述べた東征伝説において、磐余彦尊が南へ迂回して熊野から上陸したのは、黄泉国、常世国の信仰が熊野にあり、豊穣をもたらす常世神の来臨を磐余彦尊になぞえたためともいわれる。

その伝説のなかで、熊野の八咫烏が天照大神の子孫の大和平定を手助けしたというのは、天照大神と熊野信仰とのつながりを示すものといえるだろう。

道案内の役目を終えた八咫烏は、熊野に戻ってきて石に姿を変えたと伝えられ、那智大社には「烏石」が残されている。また、新年の初めには、那智大社の別宮である飛瀧神社において、牛玉宝印を刷り、邪気払いをする牛王神璽祭が行なわれる。

第一章 聖地・伊勢と霊場・熊野の誕生

八咫烏の先導による神武東征

- 長髄彦(ながすねひこ)と戦い、饒速日命(にぎはやひのみこと)の帰順を受け入れる。
- 兄宇迦斯(えうかし)を返り討ちにする。
- 八咫烏が磐余彦尊一行を導く。
- 初代天皇として即位する。
- 磐余彦尊一行は熊野の悪しき神の邪気にあたり意識を失うが、高倉下(たかくらじ)によって救われる。

登美／宇陀／白檀原(橿原)／忍坂／吉野／大台ヶ原／楯ヶ崎／那智の滝／熊野

日本神話の神武東征において、カラスが神の使いとして登場し、神武天皇を吉野から大和へと導く重要な役割を果たす。

熊野本宮大社の八咫烏の御神旗

3本の足を持つ八咫烏。本来八咫烏が3本足という記述は日本の神話にはなく、中国に伝わる太陽に住む3本足のカラスの伝説が、天照大神の使者となった八咫烏伝説と結びついたことで、3本足のカラスが誕生したという説がある。

第一章 聖地・伊勢と霊場・熊野の誕生

伊勢の原信仰
――天照大神が長い巡幸を経て伊勢に鎮座した理由とは

◉各地を巡幸して伊勢に鎮座

伊勢神宮が天照大神を祀っていることは広く知られているが、なぜ、天照大神は伊勢の地に鎮座したのだろうか。

伊勢神宮創建の経緯については『日本書紀』などに見られる。かつて宮殿では、天照大神とともに、大和の地主神である大和大国魂を並べて祀っていたが、崇神天皇の時代、二神を並べ奉るのは畏れ多いとして、皇女の豊鋤入姫に託して、天照大神を倭の笠縫邑に遷して祀った。さらに垂仁天皇の時代、今度は皇女倭姫が、天照大神の鎮座にふさわしい地を探して、大和国宇陀、近江、美濃などを巡幸した。そうして伊勢の五十鈴川に来たとき、天照大神が「この神風の伊勢の国は常世の浪の重浪の帰せる国なり。傍国の可怜国なり。この国に居らむと思う」と神託を下した。そこで、この地に祠を建て、斎宮を設けたという。この斎宮は「磯宮」とも呼ばれた。

第一章 聖地・伊勢と霊場・熊野の誕生

伊勢の太陽信仰

夫婦岩

夏至の太陽は、二見浦に浮かぶ夫婦岩の間を通って昇る。また、夫婦岩のさらに沖合には伊勢土着の太陽神ともいわれる猿田彦命が生まれたという岩が沈んでいる。

丹波の元伊勢から見た冬至の日の出線。

二見興玉神社

伊勢湾

伊勢市駅

豊受大神宮（外宮）

五十鈴川駅

夏至の日の出線

朝熊山

皇大神宮（内宮）

伊勢神宮の周辺には太陽の動きを計算したとしか考えられない形で、史跡が配置されている。

宇治橋

冬至の日には、伊勢神宮内宮にある宇治橋の大鳥居正面の真ん中から朝日が昇る。

45

平安時代初頭の『皇太神宮儀式帳』には、その経路がより詳細に記され、大和国三輪の宮、宇太、伊賀、近江、美濃、桑名、五十鈴川となっている。

ただし、伊勢神宮の場所については、度会郡の別宮のある滝原から五十鈴川上へと移行したとされる説もある。

◉土着の太陽信仰

『万葉集』では「神風の伊勢の国は山も川も美しく、うまし国、御食つ国」と詠われ、『皇太神宮儀式帳』には「朝日夕日が向かう国で災害がなく、平和で美しく、美味なものが豊富」という趣旨の国祝の歌がある。伊勢が鎮座地に選ばれた理由には、このような豊かで美しい風土がまず挙げられるだろう。

また、朝廷による東国経営において、要衝の地として伊勢は重視されたという説もある。

さらに、在地の海人集団らによる太陽信仰との関わりに注目する見方もある。伊勢には古くから土着の太陽信仰があり、伊勢に属していた『伊賀国風土記』逸文によると、伊勢国はもともと、太陽神の猿田彦命が二十万年も治めていた地だという。この地を通りがその猿田彦命の神体は、二見浦に祀られているとされる。この地名は、この地を通りが

第一章　聖地・伊勢と霊場・熊野の誕生

> ### こらむ
> ## 朝熊山と神仏習合
>
> 　伊勢神宮の北東に位置する朝熊山（標高555メートル）は、古代から山岳信仰の対象となっていた。山腹にある金剛證寺は、6世紀中頃、欽明天皇の命により暁台が創建し、天長2年（825）には空海が密教道場としたという。
> 　神仏習合の進んだ平安時代後期には、度会氏、荒木田氏など伊勢の神官による埋経が行なわれ、山頂付近に約40基の経塚が確認されている。
> 　室町時代以降、金剛證寺は伊勢信仰と結び付き、伊勢神宮の鬼門を守る山宮と見なされるようになる。「伊勢へ参らば朝熊を駈けよ、朝熊駆けねば片参り」と俗謡に歌われ、伊勢参りに併せて朝熊参りをすることが一般化した。

かった倭姫が、風景の美しさに何度も振り返り見たことに由来すると伝えられる。二見浦は和歌にもたびたび詠まれ、歌枕となった。

　猿田彦命の神体は二見浦の海中に祀られ、夫婦岩がその鳥居の役目を果たしているが、夏至の頃には、この夫婦岩の真ん中から注連縄をくぐるようにして朝日が射し昇る。冬至の日には、今度は内宮の宇治橋の鳥居の正面から朝日が射し昇る。この夏至と冬至の荘厳な太陽が、伊勢の太陽信仰の原像であり、猿田彦命の伝説へと昇華したのだろう。

　大和の地から見て朝日が昇る方角にある、美しく豊かな土地に存在した太陽信仰。こうしたことが、天照大神の鎮座と結び付く要因になったのではないかと見られている。

47

熊野三山

——熊野本宮大社・熊野速玉大社・熊野那智大社の一体化

第一章 聖地・伊勢と霊場・熊野誕生

◉個別に成立した熊野三山

伊勢神宮が独立した神社として発展したのに対し、熊野では、熊野本宮大社、熊野速玉大社、熊野那智大社の三社が、発展の過程で一体化する形をとった。

熊野三社の起源については、いずれも明確ではないが、古代の自然信仰との関わりが見受けられる。本宮大社については、大斎原の櫟の木に神が三枚の月に姿を変えて降ったという伝承から、大木を神の依代に見立てたのではないかとする見方がある。速玉大社については、神倉山のゴトビキ岩を神体と見立てる古代信仰との関連が考えられる。那智大社については、那智の滝に対する原始信仰を起源にすると見られている。

三社のうち、最初に成立したと見られるのが本宮大社で、崇神天皇四十七年（紀元前五十一）創建という記録が見られる。祭神は熊野牟須美大神で、のちには熊野坐大神、家津美御子大神とも称された。速玉大社については景行天皇五十八年（一二八）に新宮を創

第一章　聖地・伊勢と霊場・熊野の誕生

熊野の古代史年表

年　代	出　来　事
BC200年頃	この頃、徐福が仙薬を求めて熊野に渡来したとされる。
200年頃	この頃、熊野本宮社が創始されたとされる。
200～300年頃	この頃、熊野新宮社が創始されたとされる。
400～500年頃	この頃、熊野那智社が裸行上人により創始されたとされる。
和銅6年(713)	木ノ国が紀伊国となる。
養老4年(720)	『日本書紀』が編纂され、伊弉冉尊の埋葬伝説、神武東征伝説などが収録される。
神護景雲3年(769)	興福寺沙門の永興禅師が熊野村に住み、海辺の人々を教化する。
弘仁3年(812)	熊野別当に快慶が任ぜられる。
貞観元年(859)	熊野速玉神・熊野坐神、従五位上に進む。
貞観10年(868)	慶龍上人、補陀落渡海をしたとされる。
元慶3年(879)	聖宝、吉野より大峰を経て熊野に至る路を開いたとされる。
延長5年(927)	この頃、熊野速玉神社が大社に、熊野坐神社が名神大社に列せられる。

建との記録があり、熊野速玉大神を祭神としている。速玉の名称は船玉（船霊、航海の安全を願う神）に関連すると見られる。

この両社は熊野川で結ばれており、上流にある本宮大社から、下流の河口付近にある速玉大社に分霊されたと見る説もある。十一世紀頃から、本宮に対して速玉は「新宮」とも称されるようになった。

新宮が本宮より格上とされた時代

本宮、新宮という名称から見る限りでは、本宮が正統であるかのような印象も受けるが、平安時代の貞観五年(八六三)には、新宮の熊野速玉大神は本宮の熊野坐大神より高い正二位を授けられている。この状態は九四〇年まで続いたが、その後、本宮も格上げされ、両者は同格となった。この二社は、全国の神社を掲載した十世紀の『延喜式』にも名前が列記されていて、本宮と新宮は古くから別々の存在と見なされていたことがわかる。

もう一つの那智大社については、那智の滝に対する原始信仰に起源を求められるが、社殿の創建は仁徳天皇期と見られ、熊野牟須美大神を勧請する形で成立したともいわれる。

ただし、文献上では平安中期までその名が見受けられず、那智の名が登場するのは、『扶桑略記』に、永保二年(一〇八二)、熊野山大衆が新宮・那智の神輿を担いで上洛したと記されている記事が最初といわれる。

このように、元は個別の信仰として成立した三社だが、地理的に近いうえ、天台修験道の発達や神仏習合の進展などもあり、三社を統合する動きが見られるようになり、やがて、それぞれの祭神を相互に祀り合うようになった。こうして、十一世紀後半までには三社は一体化し、熊野三山と総称されるに至り、熊野信仰の総本山が成立した。

第一章　聖地・伊勢と霊場・熊野の誕生

熊野三山の成立

熊野本宮大社

　旧社地

熊野速玉大社

熊野那智大社

三重県

那智の滝を神聖視する原始信仰に起源を持つとされ、熊野坐神社、速玉大社とは別系統で成立した。那智の滝を「一の滝」とし、上流の滝と合わせて那智四十八滝が熊野修験の修行地として受け継がれてきた。

熊野川の中州に成立。祭神の熊野坐大神（家都美御子大神）は唐の天台山から飛来したとされている。修験道と死者が山中に入るという信仰などから形成された神ともいわれるが、原点は不明。

創建年代は不明。神倉山の磐座に鎮座していた神であったが、いつ頃からか現在の場所に祀られるようになった。本宮大社とは熊野川においてつながっており、もともと関係が深いとされる。

現在「熊野三山」として総称される熊野坐神社（本宮）、熊野速玉大社（新宮）、熊野那智大社であるが、もともとは別々の起源を持つとされる。

徐福伝説 —— 熊野の地と結びついた不老長寿の神仙思想

第一章 聖地・伊勢と霊場・熊野の誕生

●不老不死の薬を求めた徐福

熊野三山の信仰で知られる熊野だが、じつは中国の神仙思想とも関わりがあるという。

神仙思想とは、不老不死を得た者が東方の蓬萊に住むという信仰で、この信仰に関係の深いことで知られる方士、徐福の伝説が熊野と結び付く。

今から約二千二百年前、徐福は秦の始皇帝の命を受け、不老不死の薬を求めて蓬萊の国に船出した。しかし、始皇帝に不老不死の薬を献じることはかなわず、広い平野の地を得て、そこの王となって暮らしたという伝承が、のちの司馬遷の書『史記』に記されている。

その徐福が赴いた地とされるのが日本である。佐賀市や山梨県富士宮市、伊豆諸島の八丈島など、徐福上陸伝説の残されている場所が、日本の各地に二十カ所以上ある。

多くの技術者を率いていた徐福は、上陸した地で農耕、養蚕、造船、医薬、製紙、製鉄、捕鯨などさまざまな技術を伝えたといわれ、いずれの伝承地においても、文明と福をもた

第一章 聖地・伊勢と霊場・熊野の誕生

徐福の墓

和歌山県新宮市は徐福の渡来地のひとつともされ、徐福の墓が伝わっている。

らす異国の神様として徐福を迎え入れ、祀ったという。

そのなかでも熊野は、有力な上陸地とされている。熊野にはもともと、黒潮(くろしお)に乗って漂着する者が多かったことから、漂着神の信仰が数多く分布しており、徐福伝承を受け入れる素地が整っていた。

徐福は現在の阿須賀(あすか)神社付近に上陸し、その近くの蓬莱山で薬草を探し、地元の人々に農業や捕鯨、製紙の技術などを授けたと伝えられ、捕鯨で知られる秦氏(はたうじ)は、その子孫と伝えられる。

新宮市の徐福町には徐福と重臣らの墓があり、熊野市の波田須町(はだすちょう)からは秦の通貨である半両銭(はんりょうせん)が発掘されたほか、徐福が伝来した

53

という秦のすり鉢の神宝なども伝えられている。

日本の田道間守伝説

一方、日本にも不老不死を求める神話がいくつか残されているが、最もよく知られた存在が、垂仁天皇の時代の田道間守だろう。

田道間守は、天皇の命を受けて不老不死の非時香菓を探しに常世国に出向いた。苦労の末、田道間守はこれを携えて帰郷したが、この時すでに天皇は亡くなっており、陵の前で慟哭して果てたという。

この田道間守神話をはじめ、丹後国の若者が不老不死の島を訪れたという、浦島太郎のお伽話の原型にあたる「浦嶋子」伝説など、日本の不老不死神話の場合、神仙のいる蓬莱を常世国と同一視した点に特徴がある。常世国は海の彼方にある不老不死の国とされ、そこから豊穣の神が来臨すると考えられていたが、異国から多くの技術を携えてやって来た徐福は、まさにこの豊穣の神と見なされたのだろう。古来より熊野を常世国と見なす信仰があったことが、熊野に徐福上陸伝説が生まれる大きな要因になったと見られる。

第一章　聖地・伊勢と霊場・熊野の誕生

徐福の渡来伝承地

熱田神宮

かつて伊勢湾に面していたとされ、この地には秦・羽田など渡来氏族秦氏の後継とされる姓が多いという。

富士山

徐福は富士山を蓬莱の山と考え、仙薬を探したが結局見つけることはできず、この地に定住したという。

いちき市

「いちき」の地名は「徐福（市）が来た」ことを意味するとされ、徐福像が建てられている。

始皇帝の命を受けて、不老不死の仙薬を求めて海を渡ったという徐福の渡来伝説は、和歌山県新宮市のみならず、日本各地に伝わっている。

大馬神社 ── 熊野権現の仏と伊勢大神宮の神を祀る神社

第一章 聖地・伊勢と熊野の霊場・熊野誕生

● 熊野権現、伊勢大神宮を祀る神社

　紀伊地方の神社には、熊野と伊勢、両信仰の影響を受けているという例もある。熊野市の大馬川上流にある大馬神社は、その立地ゆえか、さまざまな信仰が混交した跡がうかがえる。

　『紀伊続風土記』によると、大馬神社の本社は大馬権現で、後世になり、熊野権現、伊勢大神宮、八幡宮を合祀して四社権現としたという。大馬権現は大麻権現とも称され、四国の大麻神社と同じく、かつての祭神は天日鷲命だったと推測されている。

　このように、熊野権現の仏と伊勢大神宮の神とを合祀している。これは、この地が仏の熊野と神の伊勢という信仰圏の境にあたり、両者が重層していたことを示すものといえる。

　神仏分離された熊野、伊勢の両信仰が混交した稀有な神社といえる。

　現在の祭神は多彩で、『三重県神社誌』には天照大神、天児屋根命、誉田別命、大

第一章 聖地・伊勢と霊場・熊野の誕生

● 信仰の交差点・大馬神社

伊勢路のなかほどに鎮座する大馬神社には、かつて大馬権現、熊野権現、伊勢大神宮、八幡宮を合祀し、四社権現を称しており、その立地からさまざまな信仰が混交した跡が見られる。

　山祇命、神武天皇、仁徳天皇の六神が挙げられている。

　その創建時期は不明だが、平安時代にはすでに祀られていたという。当社の縁起によれば、九世紀頃、坂上田村麻呂が討ち取った海賊、多娥丸の首を地中に埋め、その上に社殿を建てたのが創始という。

　その後、ある僧侶が参詣しようとしたところ、田村麻呂の霊が現われ、道案内したという。その霊が大きな馬に乗っていたことから大馬神社と称されるようになったという伝承も残されている。

　なお、井戸川下流にある獅子岩と、その南の人面岩が狛犬に見立てられているため、当社には狛犬がない。

57

五十鈴川と熊野川 ── すべてを清める二つの「聖なる川」

第一章 聖地・伊勢と霊場・熊野誕生

● 全てを清める聖なる川

伊勢・熊野はともに「川」と関わりが深い地域でもある。伊勢の五十鈴川は、剣峠に源を発し、伊勢市のほぼ中央を北から南に流れ、伊勢神宮の西側を通り、伊勢湾へと流れ込む。古くは伊鈴川とも記され、また、倭姫がこの川で裳の裾を濯いだという伝承から、御裳濯川とも呼ばれた。

かつては、この川の水で、天照大神にお供えする料理を洗い清めていた。いわば五十鈴川は、神々に奉仕するための禊が行なわれる清冽な場であり、現在でも、手を清め、口をすすぐための御手洗場が設けられている。

五十鈴川の源には、社殿の用材に用いる樹林が育まれた山々があり、川はその輸送路としても使われていた。しかし何より、この川の重要な役割は、日常の世界と神聖な世界とを隔てる境界であったことだろう。川を越えて中へ踏み入れば、そこは聖域。五十鈴川が

58

第一章　聖地・伊勢と霊場・熊野の誕生

『熊野本宮社頭図』

かつて伊勢神宮に詣でる際には、五十鈴川で禊が行なわれていた。また熊野本宮は、かつては音無川と岩田川が合流する中洲に鎮座しており、川を渡って参詣していた。

俗と聖を分けていたのである。現在では、宇治橋が聖域への入口、架け橋と見なされている。

一方、熊野本宮は、一八八九年（明治二十二）の大洪水で流失するまでは、現在の地から約五百メートル下流の、熊野川、音無川、岩田川が合流する、大斎原と呼ばれる中洲に鎮座していた。参詣のための橋は架けられておらず、濡れながら川を渡ることが最後の水垢離となっていた。

本宮の祭神は、古代には牟須美と呼ばれていた。牟須美とは万物を生産する霊力を意味し、川の中州に鎮座していたことを考えれば、生命を育む水、すなわち熊野川そのものに対する信仰があったとも考えられる。

59

こらむ　参詣伝説②

松尾芭蕉と伊勢

　伊勢の地は、俳祖とあおがれる、伊勢神宮の禰宜荒木田守武を輩出した地である。そのため江戸初期には神宮の間で俳諧が流行していた。

　江戸時代の俳人、松尾芭蕉もそんな伊勢と関わりが深く、この地により俳句を広めたいと、門人の支考を伊勢に赴かせた。その俳諧はのちに伊勢風と呼ばれるようになる。

　芭蕉自身も生涯伊勢神宮に6回参詣したといわれ、うち3回は『野ざらし紀行』「笈の小文」「おくのほそ道」に関わる旅として記録に残している。

『野ざらし紀行』は貞享元年（1684）から翌年にかけて、出身地の伊賀、美濃や尾張まで旅した俳諧の紀行文。『笈の小文』は4年後に江戸から伊賀、東海・関西を旅した俳諧の紀行文で、それぞれ伊勢参宮を果たした。

『おくのほそ道』は、奥羽北陸行脚の旅をまとめたもので、折しも伊勢遷宮の時期であったため、伊勢を拝むべく大垣から出立するところで終る。内宮には間に合わず、外宮に参詣して「たふとさに皆押し合ひぬ御遷宮」と詠むが、これが最後の参宮になった。

　芭蕉はその後、伊勢参宮を実現できないままこの世を去る。

　なお、芭蕉は、道中で寺に泊めてもらいやすいなどの理由から僧侶の姿で旅をしていた。

　そのため伊勢神宮では本殿近くの僧尼遥拝所からの参拝しか許されず、神宮の入口で参詣を足止めされたこともあったという。

第二章

伊勢参りと熊野詣での盛衰

第二章 伊勢参りと熊野詣での盛衰

熊野権現 ── 垂迹思想のもとに結集した熊野の三社

熊野三所権現として成立

それぞれ自然崇拝に根ざし、異なる起源を持ち発展してきた熊野の三社は、十一世紀頃に、相互にそれぞれの神を祀り合う形で結集し、熊野三山として信仰されるようになる。

三山は主神が異なるだけで、王子や眷属神を加えて同じ十二所を祀る（那智大社のみ滝宮を加えて十三神）。本宮は家津美御子大神、新宮は速玉大神、那智は熊野夫須美大神を主神としていたが、やがて、それぞれ別殿に他の二神を主神として同じ形で同じ三神を祀るようになり、三山の一体化が進んでいった。その過程で、社殿構成についても本宮の様式に統一されていったようで、現在はほぼ同じ構成となっている。

また、神は仏の化身であると見なす垂迹思想によって、本宮には阿弥陀如来、新宮には薬師如来、那智には千手観音と、それぞれ本地仏が配され、三所権現が成立した。

三所権現の成立により、さらに霊威が高まり、相互入山も活発化するなど、三山の結束

第二章　伊勢参りと熊野詣での盛衰

熊野三山の運営組織

> 園城寺の増誉が任ぜられ、熊野は中央の僧綱制に取り込まれることとなった。

熊野三山検校

[寛治4年（1090）、白河上皇により設置。]

熊野別当

↓　↓　↓

熊野本宮大社　熊野那智大社　熊野速玉大社

寛治4年（1090）、白河上皇の熊野御幸に際し、それまで熊野三山を管理してきた熊野別当の上に三山検校が置かれ、管理体制が固まった。

は強化されていった。

熊野三山を管理する組織も整備された。三山の統括者として頂点に立つのが熊野三山検校で、その下に熊野別当が置かれた。さらに、本宮には三綱や執行、在庁、政所などが置かれ、下級僧侶、衆徒、禰宜、長床衆などの山伏を従えていた。新宮には在庁、禰宜、宮主などが置かれた。那智は東座と西座に分かれ、執行などが置かれた。

63

熊野三山の縁起

熊野三山の一体化に伴って、その信仰を説く試みも進められたようだ。三山としての本宮と新宮の縁起を説いた最古の文献が、十一世紀頃に成立した『熊野権現御垂迹縁起』などから、その内容を知ることができる。原本は残っていないが、のちにこれを引用した『長寛勘文』である。

唐の天台山の地主神である王子信が、天台山を出発して九州の彦山、四国の石鎚山、淡路の諭鶴羽山、紀伊の無漏切目、熊野の神倉、新宮の阿須賀社の北石淵へと降り立ち、そこで家津美御子と夫須美速玉と称した。

家津美御子はさらに、本宮の大斎原の櫟の木に三枚の月となって降臨した。そこへ、熊野部千与定という猟師がやって来て、木の先端にある月を発見、それが熊野三所権現であることを知り、社殿を建てて祀ったという。

中国から日本に飛び立った神が、九州から四国や淡路島を経て、最後に熊野にとどまり、新宮から本宮に降臨したとき、その名が明らかにされたという内容である。

那智については、神武天皇が導かれて降り立ったという縁起が別にあり、この縁起には神名が見られないが、熊野三所権現と記されている。

第二章　伊勢参りと熊野詣での盛衰

熊野三山と本地仏

[熊野本宮大社]
家津美御子大神
▼
阿弥陀如来

[熊野速玉大社]
速玉大神
▼
薬師如来

十津川
伏拝祓戸王子址
本宮町　旧社地
湯峰
小雲取越え
大雲取越え
和歌山県
那智滝
青岸渡寺
妙法山
新宮市
那智
浜ノ宮
勝浦町

[熊野那智大社]
夫須美大神
▼
千手観音

熊野灘

平安期、神仏習合が進むと、熊野三山の神々にはそれぞれ本地仏が当てられるようになった。

65

海の修験
——妙法山で行なわれた永興禅師の過酷な捨身行

❁ 捨身行も辞さない初期熊野修験

古代の熊野は、いわゆる熊野三山が成立する以前、すでに修験の行場としても開かれていた。奈良時代末期には、熊野の海辺より上流に至る地域や、金峯山から大峯山へと続く地域に行場が開かれており、平安時代になると、そこから熊野に通じる行場も開かれたと見られている。

その修行の実態については、『日本霊異記』に、奈良時代の称徳天皇期、紀伊の熊野村に住んでいた永興禅師にまつわる話が収録されている。永興禅師は実在の人物で、摂津国に生まれ、興福寺の僧となり、東大寺別当にも任じられた。永興禅師は若い頃、熊野で山岳修行を行なって呪力を得て、熊野の海辺で人々を看病しながら布教にあたっていた。その永興禅師のもとを、熊野が都の南方に位置することから南菩薩と称せられたという。その永興禅師のもとを、ある禅師が訪れた。禅師は山に入り一年間修行したのち、伊勢国へ向かうと告げて去って

第二章　伊勢参りと熊野詣での盛衰

● 永興禅師のもとに滞在したある禅師の物語

永興禅師のもとを立ち去った僧は熊野川上流の山中で捨身行の末に命を落としたが、その後、『法華経』を読誦する声が聞こえ続けた。

熊野本宮大社　o旧社地
熊野速玉大社（新宮）
熊野川
那智滝　青岸渡寺
熊野那智大社
妙法山

永興禅師のもとに1年ほど滞在した僧がいた。

→ 僧の経路

●『法華経』関連年表

紀元前150〜紀元前50年頃	この頃インドにおいて成立か？　以後ユーラシア大陸に流布し、チベット語訳、ウイグル語訳、西夏語訳、モンゴル語訳、満洲語訳、朝鮮語（諺文）訳などがつくられる。
推古14年(606)	聖徳太子が『法華経』を講じたとの記事が『日本書紀』にみえる。
推古23年(615)	聖徳太子が『法華経』の注釈書『法華経義疏』を著す。
天平6年(734)	『最勝王経』か、『法華経』を暗誦できない者は出家者として公認されないという法令が定められる。
天平13年(741)	国分寺建立の詔が出された際、光明皇后は、全国に「法華滅罪之寺」を建て、これを「国分尼寺」と呼んで『法華経』を信奉した。
天平18年(746)	東大寺法華会が行なわれる。
10〜12世紀	『平家納経』をはじめ、『法華経』の装飾経が作成される。
13世紀	『法華経』を「仏教の最高経典」{正法（妙法）}とする日蓮が法華宗（日蓮宗）を開く。

行った。これは、紀伊半島の海岸沿いを東へ進む辺路修行に出ることを意味していた。

三年後、熊野の川上の山で『法華経』を読む声がずっと聞こえていると村人から知らせを受けた永興禅師がその場所に行くと、かの禅師が麻縄を足につなぎ、断崖から身を投げて死んでいた。それからさらに三年が経っても、まだ経を唱える声が続いていたという。

この禅師は、断崖の岩から身を投げる捨身行を行なったのである。これはのちの「投身」「入水」などと同様、命と引き換えに浄土への転生を願うという究極の苦行だった。

永興禅師は初期修験道の草分けといわれ、海の修験の頭と目されていた。彼のもとには辺路修行を行なう修験者が多く集まっていたが、その本拠地は、那智の妙法山だったと推測されている。妙法山は『法華経』修行の本拠であり、薬王菩薩にならい焼身自殺した修行僧の伝承があるなど、厳しい修行の実践者が集まる場所として知られていた。

海上他界の常世国信仰を持つ熊野の那智は、海の修験の聖地とも見なされていた。それが、のちの「補陀落渡海」という入水往生へとつながることになる。

新宮の海の修験

熊野三山のなかでは、那智で最初に修験道が成立したと見られているが、新宮にも海の

68

第二章　伊勢参りと熊野詣での盛衰

修験道の歴史年表

7世紀頃	役行者により、金峯山寺など多くの修験道の道場が開かれたとされる。
8世紀	道鏡が葛城山に篭り、苦修練行の末に密教的宿曜秘法を習得したとされる。
平安初期	山岳信仰と密教が結び付き、信仰が始まる。
延暦10年 (791)頃	空海が金峯山で修行したと伝わる。
平安時代	三輪流修験神道、両部修験神道が成立する。
鎌倉時代	真言宗系の当山派と、天台宗系の本山派に分裂する。
南北朝時代	多くの修験者が吉野の南朝に協力する。
慶長18年 (1613)	江戸幕府が修験道法度を定め、当山派か本山派のどちらかに属さねばならないとした。
明治5年 (1872)	神仏分離政策により修験禁止令が出される。

役行者によって開かれた修験道は、中世に天台宗系の本山派と真言宗系の当山派に分かれ、これが二代宗派となった。

修験が存在していたことが知られている。阿須賀神社には常世を拝する王子が残されており、古くは海洋宗教の聖地であったと見られている。この周辺は、海の修験である阿須賀修験の本拠とされていたという。さらに、熊野権現が天下ったとの伝承がある新宮の神倉神社周辺にも、多くの修験者が集まっていたと見られる。

熊野三山の信仰が急速に広まった背景として、熊野が古くから修験道の行場として崇敬されていた聖地であったことが挙げられるだろう。

第二章 伊勢参りと熊野詣での盛衰

古代の伊勢と熊野——伊勢神宮の整備と式年遷宮の立制

国家の最高神へ

飛鳥、奈良時代の伊勢と熊野はどのような歴史をたどっていたのだろうか。

飛鳥時代の七世紀には、用明天皇の皇女酢香手姫が伊勢神宮に仕えており、朝廷が伊勢を崇めていたのは間違いない。ただし、朝廷が神宮の整備に本格的に着手するのは、六四五年の大化の改新以後となる。天皇を中心とした中央集権体制を推進する朝廷は、祭祀制度の確立に向けて孝徳天皇の時代に度会と多気に屯倉を設け、伊勢神宮の政務を処理する神庤司（のちの大神宮司）を設置している。

「先づ以て神祇を祭鎮めて、然して後に應に政事を議るべしと」の方針のもと、諸制度を整備していった。

その伊勢神宮の地位を確立させたのは天武天皇である。六七二年の壬申の乱の際、大海人皇子（のちの天武天皇）は、伊勢神宮を遙拝して戦勝祈願を行なった。

第二章　伊勢参りと熊野詣での盛衰

豊受大神を祀る外宮

伊勢神宮外宮の宮司を務める度会氏は、熊野の海人の末裔という説がある。

この政変に勝利した天武天皇、そして次の持統天皇は、伊勢神宮を特別視していく。大来皇女が斎王に任命されたほか、十市皇女、多紀皇女ら多くの皇族女性たちも参詣している。こうして斎王制度を復活させ、持統天皇も第一回の式年遷宮を行なうなど諸制度を整備し、神宮の地位を高めた。六九二年には、天皇として初めて伊勢に巡幸している（神宮参詣の記録はない）。

奈良時代になると、伊勢神宮の地位がさらに上昇する。

中期以降、伊勢大神宮と「大」を付けて呼ぶ慣習が定着し、斎王制度も整備された。聖武天皇が各地行幸の際に最初に伊勢に向かったのも、当時、伊勢が重視されていたこ

71

とを示している。

八世紀になると、伊勢にだけ神宮の呼称を用い、ほかは社または神社に統一し、国家神としての地位が確立された。天皇のみが奉幣を許されるという最高神になったのである。

❀ 熊野から伊勢に移住した海人

一方、飛鳥、奈良時代の熊野は、田辺市から奥一帯の熊野川流域を中心に、熊野直（くまののあたい）や海人集団の在地勢力が中心となっていたと見られる。

海人は漁撈（ぎょろう）に加え、造船や海上輸送にも携わっていた。持統天皇が伊勢に行幸した際、志摩の阿胡行宮（あごのかりみや）（英虞湾付近にあったと推定）において牟婁（むろ）の海人が海産物を献じたとあり、熊野の海人が志摩にまで進出していたことがわかる。

一方で、伊勢の度会氏の祖先は熊野から伊勢の磯部（いそべ）に移住した海人と伝えられる。磯部から北上した勢力が祀った伊勢の土着神が伊勢神宮の原点ともいわれ、伊勢と熊野信仰のつながりが垣間見える。

熊野は六五八年、孝徳天皇の子、有間皇子（ありまのみこ）の謀反（むほん）事件の舞台となった。皇子は牟婁津（むろのつ）を押さえ、船団で淡路（あわじ）との交通を遮断しようと図ったとされるが、実行前に捕らえられた。

72

第二章　伊勢参りと熊野詣での盛衰

● 有間皇子の変と熊野

地図中の表記:
- 熊野の海人の活動地
- 淀川
- 難波宮
- 大和
- 河内
- 飛鳥
- 和泉
- 吉野川
- 紀ノ川
- 藤白の坂（海南市）
- 紀伊
- 日高川
- 岩代（みなべ町）
- 白浜温泉（白浜町）
- 熊野川
- 潮岬

有間皇子の作戦計画
『日本書紀』一書によれば、有間皇子は、500の兵を動員し、牟婁津において官軍を迎撃後、水軍で淡路国への経路を断てば計画は成りやすいと言ったとされる。

斉明天皇4年（658）に起こった有間皇子の変は、御坊市を本拠地としていた者が連座して処刑されるなど、熊野の勢力が深くかかわっていたともいわれる。

第二章 伊勢参りと熊野詣での盛衰

平安貴族——斎王による伊勢参詣と浄土教の聖地となった熊野

◎斎王が派遣されて奉仕

伊勢神宮が国家神として重視され諸制度が確立されて以降も、天皇自らが参詣することはなく、皇女や王女が斎王として伊勢に赴いたほか、定期や臨時の勅使が派遣された。

斎王とは神宮に奉仕する巫女のことで、垂仁天皇の皇女倭姫を起源とする。天武天皇の大来皇女以降、断続的かつ集中的に派遣され、南北朝時代の後醍醐天皇期まで続けられた。

斎王は、内裏で一年、都の郊外にある野宮で一年潔斎したのち、数百人の従者を従えて伊勢へと旅立った。京から伊勢への道のりは、平安時代初期までは伊賀越えだったが、仁和二年（八八六）以降は鈴鹿越えに変わったという。伊勢では神宮から二十キロメートル離れた多気の斎宮に居住し、祭祀の際には神宮に赴き、奉仕した。平安時代の『源氏物語』などでも、斎王は高貴で神秘的な存在として登場している。

一方、代々の天皇は毎朝、伊勢神宮を遥拝し、神宮の神嘗祭には伊勢例幣使を、国家や

第二章　伊勢参りと熊野詣での盛衰

斎王の旅

> 斎王に選ばれた皇女は、賀茂川での禊のあと、宮中で潔斎の生活を1年にわたって送る。さらに嵯峨野の野宮へ移って潔斎の生活を送り、その後、伊勢へと出発した。

> 凶事による斎王帰還の際には、伊勢・大和路のルートが取られた。

平安の朝廷と伊勢を深く結び付けたものが「斎王」の存在である。天照大神に奉仕する巫女で、ひとたび京を出ると、天皇の譲位・崩御、肉親の不幸、病以外の理由では帰ることができなかった。

斎宮址

伊勢に至った斎王は、内宮の北にある斎宮で生活を送った。

75

神宮の大事に際しては臨時の奉幣使を遣わした。臨時の奉幣使は百二十回前後におよんだという。派遣に先立ち、神宮には天皇から神宝などが授けられ、赴いた勅使が外宮、内宮の順で参拝し、宣命を奏上した。その間、天皇は宮中で伊勢神宮を遥拝していたという。

浄土教の聖地となった熊野

熊野信仰は他社に先駆けて広まり、十世紀初頭には宇多上皇の参詣が実現している。この信仰の広まりを後押ししたのは、先達、御師たちの積極的な宣伝活動だ。当時の熊野の社格は低く、庇護してくれる有力な氏族もなかった。さらに、都から遠いという立地の悪さなど悪条件が重なり、参詣者は少なく、神社経営を維持するためには参詣者の誘致を進める必要に迫られていた。

そのため、熊野は早くより参詣者誘致に積極的で、先達や御師も他社に先駆けて発生している。平安時代には、熊野に参詣すれば現世と後世の双方で功徳を得られると宣伝する一方、禁忌に関しては寛容で、広く参詣者を受け入れた。

こうした努力が奏功し、宇多上皇による参詣の約半世紀後には花山法皇の参詣があり、貴族の参詣も増加していった。

第二章　伊勢参りと熊野詣での盛衰

● 平安の朝廷と伊勢・熊野

朝廷
- 斎王の派遣。
- 天皇は宮中より遥拝。
- 勅使を派遣して奉幣を行なう。

伊勢神宮

- 上皇・法皇の熊野御幸。
- 神々に神階を贈る。
- 三山検校の設置。

熊野

阿弥陀信仰の隆盛とともに、この世の浄土と見なす信仰が広まる。

平安時代、朝廷は伊勢神宮を重んじ続ける一方で、阿弥陀信仰が高まる熊野に対して上皇・法皇が御幸を行なうなど、密接なつながりを持つようになる。

対外的な宣伝活動に併せ、信仰面の変革も行なわれた。初期修験道の素朴な集団が活動していた熊野を組織化し、平安中期以降になると、仏教色を強めた熊野三山が成立した。浄土信仰の隆盛に伴い、本宮は阿弥陀の浄土、新宮は観音、那智は薬師の浄土として信仰され、熊野は浄土教の聖地となった。三山の検校には園城寺の増誉が任命されている。

これを背景に、信仰の内容についても、専門の修行者などによる滅罪巡礼から、祈願者が直接熊野を参詣して現当二世の利益が得られる熊野立願へと転換したことで、白河上皇の行幸も実現した。ここから、熊野参詣の一大ブームが巻き起こることになる。

多賀大社 ——「お伊勢参らばお多賀へ参れ、お伊勢お多賀の子でござる」

第二章 伊勢参りと熊野詣での盛衰

伊勢神宮の親神として信仰

　熊野三山が成立して熊野信仰が隆盛するなか、しだいに、熊野は伊勢と同体と見なされるようになった。さらに、この二社に並び称され、一体視されたのが、近江に鎮座する多賀大社だった。

　多賀大社の祭神は、日本の国土を生成し神々を生んだとされる伊弉諾尊・伊弉冉尊である。『古事記』に「伊邪那岐命は淡海（近江）の多賀に坐すなり」と見えるほどの古社で、七一二年には存在していたことが知られている。

　由緒ある神社ゆえに皇室の崇敬も厚く、鎌倉時代には幕府の保護を受けた。戦国時代には豊臣秀吉が母の病気平癒として一万石を寄進するなど、時代を通じて時の権力者たちから信仰を集めた。

　中世には、長寿、縁結びの神として庶民の間に信仰が広がり、やがて、伊勢・熊野と並

第二章　伊勢参りと熊野詣での盛衰

多賀大社

日本神話において伊勢神宮の天照大神を産んだとされる伊邪那岐命を祀る多賀大社。

び称されるほど広く崇敬されるようになった。

多賀大社が伊勢、熊野と同体と見なされた理由としては、伊勢の参道と近く、伊勢・熊野巡礼に合わせて参詣できるという立地条件や、多賀大社の熱心な勧進活動などが挙げられるが、多賀大社が、天照大神の親神である伊弉諾尊・伊弉冉尊を祀っていたことも大きい。伊勢の親神を祀っているのなら尊いはずだとして、伊勢と同体と見なされ、崇敬されたのである。

その親子の関係から、俗謡では「お伊勢参らばお多賀へ参れ、お伊勢お多賀の子でござる」と謡われた。

鎌倉時代には「伊勢へ七度、熊野へ三度、

お多賀様へは月参り」と称されるほど人気を博し、伊勢・熊野と併せて多賀大社にも参拝することが習わしになったともいわれている。

地方豪族の日記に登場する三社

この三社の関係がよくくわかるのが、三重県四日市市の善教寺にある阿弥陀如来の胎内から戦後に見つかったという『藤原実重作善日記』である。

この史料は、伊勢の豪族である藤原実重が貞応三年（一二二四）年から仁治二年（一二四一）年まで、毎年の参詣や、奉納した金銭、米穀について詳細に記した日記で、当時の地方豪族の熱心な信仰生活の様子がうかがえる。

とくに伊勢と熊野関連の記事がくわしく、毎年元日には伊勢と熊野と同じように、多賀へも米を奉納していた。

「正月一日　大神宮御はな米　二斗内外宮にまいらす

同日　米三斗　多賀の御前にまいらす

同日　熊野の権現に御仏飼米　五斗五升まいらす」

などとあり、三社を同じように信仰していたことが見てとれる。

第二章　伊勢参りと熊野詣での盛衰

古代の交通網と多賀大社

- ○　国府
- ●●●　延喜式駅路

街道の整備が進むなかで、多賀大社は中山道の沿道に位置する形となり、天照大神の親神として敬われ、参詣者が増加した。その他の主要街道沿いには、熱田神宮や気比神宮が発展している。

熊野古道① 伊勢路 —— 伊勢から海岸沿いに熊野へ至る参詣路

第二章 伊勢参りと熊野詣での盛衰

● 易路とされた伊勢路

伊勢信仰と同体とされた熊野は、信仰が広まるに従い、多くの参詣客を集めるようになった。熊野三山に至る道は険しい山道が続くことで知られているが、昔の参詣者たちは、どのような道をたどって聖地へと赴いたのだろうか。

熊野に参詣する古道には、いくつかのルートがあった。大別すると、紀伊路と伊勢路と大峯奥駆道の三ルートがあり、紀伊路はさらに、田辺からの中辺路と大辺路、高野山からの小辺路の三つに分かれた。

このうち、古くから存在したのは伊勢路と紀伊路(中辺路)である。平安末期の『梁塵秘抄』にはすでにこの二つの道が記され、対等に扱われていたようだ。

京都から出発して伊勢路を利用する場合、近江国経由で東海道と伊勢別街道を通るか、大和国経由で伊賀街道か初瀬街道を利用したとされる。

第二章 伊勢参りと熊野詣での盛衰

伊勢と本宮・新宮をつなぐ伊勢路

伊勢路の基点となる伊勢神宮。

石畳が続く伊勢路の名所、馬越峠。

伊勢路は伊勢と熊野を170kmの道のりでつなぐ。旅程は7日前後を要したとされるが、紀伊長島から船を使うと2、3日で新宮へと至る。しかし、その海路は大変な荒海を行くことになり、慣れない者は相当な恐怖を味わったという。

そして伊勢からは、伊勢神宮、滝原宮を通って田丸に出て南西の方角へ進み、大内山村、紀伊長島、尾鷲を経て熊野へ至った。これは、峠のある山道と海辺の道が交互に現われる道で、約二五十キロメートルの道のりである。

この伊勢路は紀伊路より全体に平坦だったため、易路として当初は好まれていたらしい。花山法皇が熊野参詣を計画した際は、徒歩が原則の紀伊路でなく、船を使える伊勢路を希望したという。長島から新宮、さらに川船を利用して本宮まで、ほぼ船に乗って参詣することも可能だったのだろう。

庶民の道として発展

しかし平安時代に入ると、状況は大きく変わる。伊勢と熊野が非同体とされて分離されたのに加え、上皇や貴族らの熊野詣でに際し、引率の修験者たちが、道中での苦行があるほうが功徳が高いとして難路を勧めたため、山道の多い紀伊路が公式ルートとされるようになった。

このように、紀伊路は上皇が行幸した道として知られた一方、易路である伊勢路は、庶民が利用しやすい参詣道として発展していく。

第二章　伊勢参りと熊野詣での盛衰

熊野速玉大神坐像

熊野速玉大社の祭神である熊野速玉大神。熊野の神像としては最も古く、平安時代前期の作とされる。（熊野速玉大社所蔵）

とくに室町時代以降、庶民の参詣が活発化したことに加え、西国三十三所観音霊場の巡礼が盛んになったことから、伊勢路の利用者が必然的に増加した。東国から西国巡礼をする場合、伊勢を経て新宮、那智へと至るのが通常の経路だった。

江戸時代に入り、伊勢参りと熊野詣でがセットとして見られるようになると、多くの人が伊勢路を利用するようになった。

伊勢参宮を終えた参詣客は、田丸で装束を着替え、熊野を目指す西国巡礼に出たという。

今も伊勢路には、往時をしのぶ石畳の峠道が残されている。道の崩落を防ぐために、早くから整備されていたといわれている。

第二章 伊勢参りと熊野詣での盛衰

熊野古道② 大峯奥駈道
——吉野と熊野をつなぐ修験者の山道

●熊野の修験道の成立

上皇らが通った紀伊路（中辺路）よりさらに厳しい山岳ルートが、大峯奥駈道である。

ここは、山伏が修行のために通る険しい山岳ルート、つまり修験者のための道だった。

修験道は、日本では古くから山を聖地として信仰されていたが、山での修行を勧める密教の伝来により、さらに発展することとなった。

その拠点として、熊野や金峯山が開かれた。中世には、熊野の修験者は天台宗の聖護院を本拠とする本山派を形成した。一方、奈良の金峯山を拠点とする一派は、真言宗を後ろ盾に当山派を結成し、二大宗派となった。

こうした修験道の発展に伴い、熊野でも山岳修行が盛んになった。古くは初期熊野修験道の「海の修験」で知られた那智は、奈良時代になると、一部の僧侶の間で滝籠りなどの修行が実践される行場となった。十世紀後半からは山岳修行の場として広く知られるよう

86

第二章　伊勢参りと熊野詣での盛衰

修験道の聖地、大峯奥駈道

金峯山寺

熊野奥駈道の基点となる吉野の金峯山寺。蔵王権現を本尊とする。

大峯山系

熊野修験の修行場となる大峯山とは、熊野から吉野へ至る紀伊半島に長く伸びる山系の総称である。

逆峰
吉野から熊野へ75日をかけて大峯山を踏破する。

順峰
2月から、熊野から吉野へ向って100日をかけて歩き、5月半ばに吉野へ至る。

大峯奥駈道は10～11世紀頃に成立したとされ、修験道の山伏たちが山林修行を行なった。

になり、出家した花山法皇も、那智の滝で三年にわたり「千日籠り」を行なったという。

しかし十一世紀初頭頃から、熊野の山岳修行は、熊野本宮を拠点とする「山の修験」へと移行していく。

その契機となったのが、吉野と熊野本宮をつなぐ大峯奥駈道が成立したことだ。大峰山は、奈良県の吉野山から熊野に至る紀伊半島を縦断する山系で、古くから修験道の根本道場として知られた。

奈良時代にも法相宗の広達などの山岳修行者がいたとされるが、平安時代の十世紀には、比叡山の陽勝仙人が大峰山の窟に籠ったという伝承など、この地で山岳修行した者の話が多く伝わるようになる。

たことで、熊野から山岳修行に入る者が増加した。大峯奥駈道が成立し

この時代には、二月初頭から百日かけて熊野から吉野に向かう順峰ルートで修行を行なっていたらしい。この順峰の反対が逆峰で、秋に吉野から熊野へ七十五日かけて向かう修行である。

● 山の修験と大峯奥駈道

第二章　伊勢参りと熊野詣での盛衰

修験道の発生

山岳信仰

日本には古来、山岳に神霊が宿るという信仰が根づいていた。

雑密

奈良時代に流入した初期密教から山岳修行者が生まれる。

↓

修験道が成立する。

実践	・加持祈祷　・符呪 ・呪法　　　・山岳修行

　当時の本宮の様子は、増基法師が残した紀行文『いほぬし』に垣間見ることができる。本宮には多くの山伏が群れをなしていることが記され、修験集団の聖地であったことがわかる。ここでは朝夕に念仏を称える「例時作法」や、『法華経』八巻を講説する法会「霜月の御八講」が行なわれていたという。この頃の熊野詣では、罪ほろぼしを願う滅罪信仰によるものが中心だったようだ。

　ただし、当時はまだ一般庶民の参詣は困難だった。道程の厳しさに加え、当時の入山者には、物忌と祓除、経供養や水垢離など、厳しい精進潔斎が求められたからである。そのため、一般庶民の場合は山伏に代参を頼むのが普通だったという。

第二章 伊勢参りと熊野詣での盛衰

蟻の熊野詣で ── 豪華な行列をなした上皇・貴族の度重なる参詣

● 浄土、現世利益など多彩な信仰

 平安後期から鎌倉時代にかけて、上皇や貴族らによる熊野参詣が隆盛を迎え、誰も彼もが列をなすように熊野に足を運ぶさまは「蟻の熊野詣で」とも称された。
 上皇らの熊野詣では、十世紀初頭の宇多上皇の行幸を皮切りに、弘安四年（一二八一）の亀山上皇まで、約三百五十年にわたって続けられた。最も隆盛を極めたのが院政期の白河上皇から後鳥羽上皇に至る五代で、寛治四年（一〇九〇）から承久三年（一二二一）の間に九十三回もの行幸が行なわれた。とくに、鳥羽上皇は二十一回、後白河上皇が三十四回、後鳥羽上皇が二十八回と、この三上皇の参詣回数はずば抜けて多く、年中行事化していたともいえる。
 院政期に上皇らの熊野詣でが盛んになったのは、山伏に代参してもらう従来の信仰形式から、先達の引率のもと、自身が熊野に参詣して立願する形式へ変化したことに加え、参

第二章 伊勢参りと熊野詣での盛衰

家津美御子大神坐像

託宣の神としても信仰される熊野本宮大社の祭神・家津美御子大神。幘頭冠を被った青年相で表現されている。(熊野速玉大社所蔵)

● **熊野本宮大社社殿群**

```
        相 殿              御本殿
┌──────┬──────┬──────┬──────┐
│ 西第 │ 中第 │ 証第 │ 若第 │
│ 御一 │ 御二 │ 誠三 │ 宮四 │
│ 前殿 │ 前殿 │ 殿殿 │  殿 │
└──┬──┴──┬──┴──┬──┴──┬──┘
   □     □     □     □
   鈴 (透) 鈴    鈴 (塀) 鈴
   門     門    門      門

┌──────────┬──────┐
│   拝 殿  │ 神門 │
└──────────┴──┬───┘
              │参
              │道
```

鳥羽法皇は久寿2年(1155)、熊野参詣の折に本宮証誠殿にて託宣を下され、これにより災厄を避けることができたという。

91

詣の回数が多いほど功徳が深まるとする多数作善功徳信仰の影響も大きい。

さらに、熊野詣での目的や信仰内容が多様化したのも、崇敬を集める理由となっただろう。滅罪信仰により来世での安穏を願うものから、富貴や延命を望む現世利益も加わり、さらに、立願の願ほどき（お礼参り）も習慣化した。熊野に立願して重病が癒えても、願ほどきをしなければ再び病にかかると信じられた。

とくに、那智大社は長寿延命の信仰を集めていたようで、長寿を叶えるために那智の滝水を浴びたり飲んだりしたという。

また、熊野は託宣を与えてくれる神としても信仰されていた。『保元物語』には、鳥羽法皇が熊野に参詣した際、自らの寿命に関する託宣が下されたという話があり、『古今著聞集』には、ある盲人が熊野の神に、目が見えるようになりたいと願掛けをしたところ、おごらず信心せよと託宣があり、その後、願いがかなったという話が見られる。

豪華な行列

上皇の度重なる熊野詣でを可能にしたのが、長旅を実現させる強大な経済力と権力だった。一回の熊野詣でには、一説によると約二千五百人が参列したともいわれ、宮中から人

歴代上皇の熊野御幸回数

宇多法皇	1回
花山法皇	1回
白河上皇	9回
鳥羽上皇	21回
崇徳上皇	1回
後白河上皇	34回
後鳥羽上皇	28回
後嵯峨上皇	2回
亀山上皇	1回

熊野には宇多法皇以降、歴代の上皇が参詣し、後白河法皇に至ってはじつに34回もの御幸を行なっている。

影が消えるといわれるほど、大掛かりで豪華なものであった。この参詣費用は上皇の荘園からの収益で賄われたほか、沿道からも調達した。元永元年（一一一八）の白河院参詣では沿道の八百十四人が駆り出され、三十年後の鳥羽院参詣では、沿道の国々から菓子、酒、折敷、薪、酢、塩、炭、味噌、大豆、伝馬などが徴収されたとの記録がある。

上皇の意に応えるため、沿道の国司は自国の農民から徴収したが、院政期は荘園が増加し、国司が管轄する国衙領が減少していた。

そのため、国司による徴収は過酷なものとなり、逃亡する農民も多かったという。

上皇の熱心な信仰と参詣は、民衆の苦しみにより支えられたものでもあった。

しかし、こうした熊野詣での隆盛も、承久の乱とともに終息を迎えた。

第二章 伊勢参りと熊野詣での盛衰

熊野古道③ 紀伊路（中辺路） ── 往復七百キロを超える浄土への旅路

往路は徒歩が原則

白河上皇らも利用し、中世には熊野参詣の公式ルートとされたのが、田辺から紀伊山地に分け入り、本宮に至る紀伊路（中辺路）である。

ここが公式ルートだったことを示すかのように、中辺路の沿道には、熊野九十九王子と呼ばれる神祠が数多く設置されている。

そのルートの概要は、京都から船で淀川を下り、摂津で上陸。天王寺、住吉を経て和泉国を南下し、紀伊国に入る。さらに南下して藤代坂、蕪坂などを経て田辺に達する。そこからは東に方向を変え、山路を本宮に向かう。本宮からは半日かけて熊野川を下って新宮を順拝。ついで徒歩で海岸線沿いを南下し、那智川の流れに沿って那智に参拝する。そこからは熊野川を上って本宮に戻るか、死者の霊魂が詣でる場所と信じられた妙法山に登ってから、雲取越えで本宮に戻る。

牛馬童子と役行者像

中辺路の箸折峠にたたずむ、牛馬にまたがった童子像は、花山法皇の旅の姿を表わしたものといわれる。

中辺路経由で参詣する場合、往路は一部を除いてほとんど徒歩で、帰路ではときに伝馬を使うこともあったという。京都から本宮までの距離は約三百キロメートル、これに新宮、那智の順拝を加えると、往復で七百キロメートル以上の道程となり、二十日から三十日ほどかかった。

徒歩のうえ、王子社奉幣や祓いなどの儀式が多い往路のほうが時間がかかり、総日程の三分の二を費やしたという。まさに、浄土に生まれ変わるための苦行の旅であった。

十一世紀後半に参詣した藤原為房の『為房卿記』によると、九月二十一日に出発し、往路は十四日、帰路は八日間の道程であった。岩代から田辺までは船に乗ったが、本宮まで

は連日、天候に関係なく徒歩で移動している。先を急いで、日没後も松明の火を頼みに歩き続けたらしい。宿泊先は、住吉神主宅、日高郡司宅など現地有力者の私宅、荘園の荘家、山中に設けた仮の草庵などであった。

為房は田辺まで海路を取っているが、のちに白河上皇が、淀川と熊野川以外すべて徒歩を通したのをきっかけに、以降、この作法が踏襲され、往路は徒歩が原則とされた。

●中辺路が選ばれた理由

難路とされた紀伊路がそれまでの伊勢路に代わって公式ルートに採用されたのは平安末期からとされるが、その理由としては、本宮に行くには伊勢路より距離的に近かったことに加え、前述したように、当時においては、あえて難路を選ぶという苦行を実践することで、より大きな功徳を積むことができると考えられていたことが挙げられる。

もう一つの理由として、浄土思想が熊野におよび、仏教色を強めたことも指摘できる。この結果として、仏事を嫌う伊勢とは距離を置かざるを得なかった。熊野詣での行列は一切経供養や曼荼羅供養などに必要な経典仏具を帯同したため、伊勢を通るのがはばかられたという事情もあったようである。

第二章　伊勢参りと熊野詣での盛衰

中辺路の道中

藤原秀衡が熊野詣での帰路、長男の誕生を祝って檜に山桜を接木したと伝わる。

（地図中の表記）
- 熊野古道
- 国道311号線
- ▲至龍神
- 至本宮▶
- ◀至白浜
- 野中の一本杉
- 秀衡桜
- 天然記念物 大銀杏
- 箸折峠
- 野中の清水
- 大門王子
- 高原熊野神社
- 一願寺地蔵
- 高原霧の里
- 湯川王子
- 岩神王子
- 熊瀬川王子
- 小広王子
- 中川王子
- 継桜王子
- 比曽原王子
- 近露王子
- 清姫の墓
- 十丈王子
- 大坂本王子
- 牛馬童子
- 滝尻王子
- 不寝王子

中辺路は中世において熊野詣での公式経路とされ、沿道には多くの王子が設置された。京都からの距離は 300kmを超えるが、往路は徒歩が原則とされた。

（月岡芳年筆　国立国会図書館所蔵）

清姫伝説

熊野詣でのために中辺路を通っていた安珍という美男の僧が、紀伊国にて真砂庄司に宿を求めた。

この真砂庄司には清姫という一人娘がいた。この清姫が安珍に一目惚れして言い寄ってきたため、安珍は、「熊野詣でを済ませたら立ち寄って結婚する」と約束して去った。

だが、もとより安珍にその気はない。参詣を終えると、そのまま立ち寄らずに帰ってしまう。

裏切られたと知った清姫は、妄執に取り付かれて安珍を追走。姿を蛇に変えて安珍に追いすがり、道成寺の鐘に隠れた安珍を焼き殺してしまったという。

熊野九十九王子 —— 中辺路沿いに多数分布した熊野権現の分身

熊野権現の分身にして在地の神

前述したように、紀伊路（中辺路）の特色の一つは、沿道に多くの王子社が設置されたことである。俗に九十九王子とも呼ばれるが、これは実際の数ではなく、数が多いことを表現しているものだ。参詣者は、これらの王子社を巡礼しながら熊野三山へと向かった。

王子とは、熊野権現の分身として出現した御子神（みこがみ）の類であり、仏教では護法の眷属神（けんぞくしん）を指し、沿道の住民からすれば、在地のさまざまな神である。王子という呼称は、修行者を守護する童子（どうじ）の転用であると思われる。

この王子がいつどのようにして祀られたのかは定かではないが、参詣の引率役を務めた山伏たちが、沿道の奇岩、古墓や古木など、路傍の素朴な神々を祀る祠（ほこら）を、王子へと昇華させたともいわれている。難路であるがゆえに、旅人を守護する「道の神」が必要とされたのだろう。また、霊験（れいけん）が見られたことを根拠に誕生した王子もあるという。

第二章　伊勢参りと熊野詣での盛衰

多富気王子

那智大社へ至る大門寺坂に鎮座する多富気王子。

この熊野王子社の初見は、承暦五年（一〇八一）の藤原為房の日記『為房卿記』に見える、和泉国日根王子といわれる。上皇らの熊野詣でが頻繁になった十二世紀になると、王子社が次々と出現し、天仁二年（一一〇九）の藤原宗忠による参詣記『中右記』には二十四カ所の王子が記されている。

王子の成立は十三世紀初頭にピークを迎えたらしく、正治三年（一二〇一）に後鳥羽上皇の参詣に供奉した藤原定家の記録では、摂津の窪津から本宮まで八十カ所以上の王子社が確認されているが、新宮、那智周辺の王子社も加えると、ピーク時には九十前後は存在したようだ。

しかし、上皇らの参詣が途絶えた承久三

年（一二二一）以降、大半の王子が破壊転倒して失われたといい、室町時代の十五世紀には十の王子社しか記録されていない。

❀王子社で行なわれた歌会や舞

　王子社は、参詣者がこれを巡礼していくうちに熊野三山へと導かれる、いわば道標であった。参詣者は王子をたどりながら、熊野に近づく実感をかみしめていただろう。

　また、王子社は旅人の疲れを癒す場所でもあった。王子社のなかでもとくに地位が高いとされたのが、藤代、切目、稲葉根、滝尻、発心門の五王子である。拠点となる藤白王子や滝尻王子には社殿、宿所、湯屋などの施設が整い、神官、社僧、巫女らを従えていた。

　ここで休憩や昼食をとったり、宿泊したり、ときには歌会や舞なども行なわれた。藤代王子は水垢離をする場所とされ、皇族などの大規模な参詣では、歌会や白拍子舞のほか、里神楽も行なわれた。神楽を舞った巫女が、参詣者に王子の託宣を下したともいう。切目王子や滝尻王子で催された歌会で上皇や貴族たちが歌を書き留めた「熊野懐紙」が、今も残されている。発心門王子は熊野の神域の入口にあたり、藤原定家は、ここへ到達した際の感慨を書き残している。

熊野九十九王子

地図中の王子名（北から南へ、紀伊路・中辺路沿い）：

窪津王子・阪口王子・郡戸王子・上野王子・阿倍野王子・境王子・大鳥居新王子・井口王子・篠田王子・池田王子・平松王子・鞍持王子・浅宇川王子・胡木新王子・佐野王子・籾井王子・信達一之瀬王子・厩戸王子・ウワ目王子・地蔵堂王子・中山王子・山口王子・川辺王子・吐前王子・中村王子・川端王子・和佐王子・平緒王子・松代王子・ナクチ王子・菩提王子・松坂王子・藤白塔下王子・藤白王子・橘本王子・蕪坂塔下王子・所坂王子・山口王子・逆川王子・糸我王子・ツノセ王子・井関王子・畚掛王子・内ノ畑王子・馬留王子・高家王子・馬留王子・田藤次王子・岩内王子・愛徳山王子・塩屋王子・九海士王子・上野王子・津井王子・切目王子・イカルガ王子・岩代王子・中山王子・千里王子・三鍋王子・芳養王子・出立王子・八上王子・三栖王子・万呂王子・一ノ瀬王子・秋津王子・鮎川王子・稲葉根王子・大坂王子・不寝王子・滝尻王子・十丈王子・大門王子・十八川王子・岩神王子・高原王子・近露王子・継桜王子・中ノ河王子・比曽原王子・小広王子・湯川王子・猪鼻王子・発心門王子・水呑王子・伏拝王子・祓戸王子・湯峰王子・佐野王子・浜の宮王子・市野々王子・多富気王子・浜王子

熊野本宮大社
熊野速玉大社
熊野那智大社

奈良県／大阪府／和歌山県／三重県

高野山（金剛峯寺）／吉野（金峯山寺）／青岸渡寺

中辺路／大辺路／大雲取越／小雲取越／熊野川

■ …平安期からの王子社

熊野古道の紀伊路から中辺路を経て熊野本宮大社へと至る道沿いには、「王子社」が点在する。これらは熊野権現の御子神を祀ったものとされる。

熊野古道④ 大辺路・小辺路 ── 海沿いの迂回路と山地を縦断する最短路

第二章 伊勢参りと熊野詣での盛衰

◉文人墨客に好まれた大辺路

紀伊路には、中辺路のほかに大辺路と小辺路がある。

大辺路は、田辺で中辺路と分岐し、そのまま海岸線に沿って紀伊半島を回って那智に至る参詣道で、田辺から那智の浜の宮王子まで、約九十二キロメートルの道程である（東の起点を新宮とする説もある）。海岸沿いに大きく迂回するため、熊野参詣道のなかで最も距離が長いうえ、四十八坂と呼ばれる、大小さまざまな峠を越えなければならないため、中世の熊野詣でに利用されることはなかった。

大辺路が熊野の参詣道となったのは、江戸時代に紀伊藩が官道として整備してからである。以後、伝馬所や里程の目印となる一里塚が設けられると、大雲取越えを避ける場合の帰路として利用されることも増えてきた。

とはいえ、道は整備されても道中には宿や茶屋がほとんどなく、やはりマイナーな存在

第二章　伊勢参りと熊野詣での盛衰

大辺路・小辺路の成立

> 貴族階層が利用した紀伊路であるが、滅罪生善のために陸路は徒歩が原則とされた。

小辺路の起点となる高野山の大門。

> 真言密教の霊場高野山と熊野本宮大社をつなぐ全長約72kmの道。標高1000mを越える峠を3つ越えなくてはならない過酷な道である。

> かつては三十三度行者の経路であったが、紀伊藩が整備したことにより、熊野への参道となった。現在全長92kmの古道が田辺と新宮をつなぐ。

近世以降に整備されたのが大辺路・小辺路である。風光明媚な海沿いを通る大辺路は文人墨客に愛され、険しい山道である小辺路は庶民階層に利用された。

大辺路の起点

田辺市の北新町にある「左りくまの道、すくは大辺地」「右きみゐ寺」と彫られた道標。

103

だったが、唯一、この道を好んだのが、文人や画家たちだったという。というのも、大辺路には風光明媚な海の景色を眺められる場所が多く、比較的時間に余裕があり、風雅を好む旅人には好適といえた。幕末の歌人である熊代繁里は、余裕のあるときは大辺路、公用など急ぐ場合は中辺路を通っており、状況により使い分けていたことがわかる。

今では海岸沿いの土地は開発され、古道の趣は失われたが、峠道などには、未だその面影が残されている。

高野山と熊野を結ぶ最短ルートの小辺路

小辺路は、高野山から本宮まで、奥深い紀伊山地を南北に縦断する参詣道である。およそ七十二キロメートルで、通常、三泊四日の行程で高野山から熊野に到達することができたという。ただし、千メートル級の峠を三つ越えなければならず、急坂も多い難路であった。そのため、道中で命を落とす者も少なくなかったという。

小辺路が参詣道として利用されるようになったのは近世に入ってからのことで、元亀四年（一五七三）に伊予国の武士、土居清良が利用したのが、現在に残る最も古い記録とされる。

第二章　伊勢参りと熊野詣での盛衰

小辺路路傍の地蔵

いくつもの難所を越えねばならなかった小辺路では、道中で行き倒れる参詣者も多かった。こうした人々を供養するため、路傍には地蔵が祀られている。

　十七世紀になると、小辺路を通った紀行文もいくつも残されるようになり、松尾芭蕉の門人である河合曾良は、高野山から熊野まで二泊三日の強行軍で参拝したという。

　小辺路は難路ではあるが、参詣道のなかで最短ルートであるため、道を急ぐ商人や、宿銭を節約したい庶民には都合がよかった。とくに、西国や大坂方面から熊野に参詣する場合、小辺路を使うケースが多かったようだ。

　小辺路の開拓が、武士階級や庶民に熊野詣でを促す一因になったといえるだろう。

　奥深い山中のためか、小辺路沿いには、現在も昔のままに寺院跡や道標、石仏などが多く残され、苦労しながら山越えしたであろう当時の旅の様子をしのぶことができる。

105

第二章 伊勢参りと熊野詣の盛衰

補陀落渡海 ── 海の彼方にある観音の浄土を目指す 捨身の船出

密閉した船で観音浄土を目指す

熊野には、熊野三山を巡拝する信仰のほか、南方海上に観音浄土の補陀落があると信じ、その地を目指して船出する、補陀落渡海という特異な信仰があった。この目的は、観音浄土への往生、または肉親や結縁者の現世安穏などを願う、入水往生を覚悟した捨身行である。船を密閉し、わずかな食糧だけを携えて死出の旅へと漕ぎ出したのである。

補陀落とは梵語の「ポタラカ」の音写といい、その地は、中国の長江に近い舟山諸島の普陀山、あるいは熊野の那智山、高知県の室戸岬や足摺岬、九州の有明海など、霊峰をいただく海が補陀落山に見立てられた。

補陀落渡海は、茨城県の那珂湊海岸、四国の室戸岬、足摺岬、鹿児島県の加世田など、太平洋岸各地に記録が残るが、最大の拠点は「補陀落の東門」ともいわれた那智の補陀洛山寺だった。

第二章　伊勢参りと熊野詣での盛衰

太平洋沿岸に広がる補陀落渡海

仏教受容以前の日本では、海の彼方に常世国があるという信仰が根付いており、こうした信仰が「補陀落渡海」に影響を与えたと考えられる。

貞観10年（868）以降、補陀洛山寺を中心に補陀落渡海が行なわれた。

永禄8年（1565）、雲仙僧祐海が補陀落渡海をしたことを記す板碑が林昌寺に残る。

- 那珂湊
- 堺
- 伊勢
- 泉南市
- 熊野
- 足摺岬
- 室戸岬

● 補陀落渡海が行なわれた地

復元された補陀落船

107

補陀洛山寺には全国から渡海を希望する者が集まり、観音往生の儀式を終えて船出したという。『熊野年代記』によると、九世紀から十八世紀にかけて十九例の渡海が記録されており、寺の裏には、船出した信者たちの墓が残されている。

『平家物語』が伝える、平維盛が那智沖の山成島で入水自殺を遂げたというエピソードも、この補陀洛渡海の信仰に基づいたものだろう。

実際の補陀洛渡海の様子については、鎌倉時代の『吾妻鏡』がくわしく記している。鎌倉の武士だった下河辺六郎行秀は、狩りで大鹿を仕留め損なったことを恥じ、出家して智定坊と名乗った。

そして貞永二年（一二三三）、那智の海岸から補陀洛渡海におよんだ。行秀は三十日分の油と食糧を積んで屋形船に乗り込み、外から釘を打ち付けてもらい船を密閉したうえで船出したという。

『熊野那智参詣曼荼羅』では、補陀洛渡海の様子を絵で見ることができる。屋根の四方に鳥居を配して墓に見立てた渡海船と、その傍らには二艘の船が描かれている。三船が並ぶのは阿弥陀、観音、勢至の三尊を表現したものともいわれ、二艘の船が渡海船を引く形で沖まで出たようだ。

補陀落渡海

『熊野那智参詣曼荼羅』に描かれた補陀落渡海の様子。帆を上げた船が補陀落船で、後ろに２艘の伴船が続いている。（國學院大學図書館所蔵）

◎ 入水から水葬へ

補陀落渡海は十六世紀に隆盛したが、十六世紀末頃、補陀洛山寺の住持である金光坊が、自身の意志に反して無理やり船に乗せられ沈水するという出来事があり、これを機に、生きながらの補陀落渡海は中止されたと見られる。以後は、死んだ者を、まだ生きているように装って船に乗せて送り出す、水葬に近い儀式になったという。

補陀落渡海の背景には、古くから紀伊を中心に広がっていた、海の彼方にあるという不老不死の常世国に対する信仰があったことは間違いないだろう。この常世国信仰が仏教と習合したとき、海の彼方に浄土があるという信仰へと転化したのだろう。

第二章 伊勢参りと熊野詣での盛衰

長寛勘文 ── 伊勢・熊野同体説から巻き起こった重大な論争

●伊勢・熊野の同体を巡る訴訟

平安時代末期頃から、伊勢・熊野信仰の同体説が唱えられるようになった。熊野に天照大神の母伊弉冉尊が祀られていることに加え、この時代には、仏事が忌まれるはずの伊勢を僧が参拝したり、熊野詣でに伊勢路が主に利用されるなどの状況があった。こうしたことから、伊勢と熊野は密接な関係にあると考えられたのである。

しかし、応保二年（一一六二）に発生した八代荘停廃事件をきっかけに、この同体説を根本から検証する重大論争が起きた。

事件の発端は、甲斐国司の藤原忠重が、熊野本宮大社に寄進された荘園を横領し、荘園内の神人を捕えたことにある。当時、貴族や寺社の荘園が各地に増えるなか、収入減となる国司側がこれに反発し、争いが頻発したという。

この一件に対し熊野側が訴え、訴訟へと発展した。忠重の暴挙は明らかだが、最大の争

第二章　伊勢参りと熊野詣での盛衰

●『長寛勘文』が出されるまで

[12世紀]

甲斐守藤原顕時 —寄進→ 八代荘

伊勢

伊勢熊野同体論
[日本神話に登場する天照大神や伊弉諾尊、伊弉冉尊などが熊野の神々と同一の神とされたことから生まれた、伊勢と熊野を同体とする思想。]

甲斐守藤原忠重 —横領→ 八代荘

神人を捕縛し、乱暴を働く。→ 熊野

忠重は絞首刑にすべきである。 → 中原業倫

藤原伊通
清原頼業
←
一、伊弉冉尊の葬送地は出雲の比婆山であり、熊野は一説にすぎない。熊野社は紀伊の神であり、伊勢の伊佐奈岐宮とは同体ではない。
二、熊野には速玉大神を祀るが、これは伊弉諾尊の子であって、両神を同一とするのはおかしい。
三、伊勢は私幣禁断で、仏事を忌むのに対し、熊野は民を嫌わず、僧が仏事をもって祀っている。

長寛元年（1163） 『長寛勘文』が出され、伊勢・熊野同体論は否定される。

111

点は、熊野権現と伊勢神宮が同体かどうかということにあった。もし同体であるならば、忠重は伊勢の神様の持ち物を盗んだとして死罪になるが、同体でないならば流罪で済む。朝廷から意見を求められた明法博士の中原業倫は、熊野権現と伊勢神宮は同体であるとし、忠重らを絞首刑にすべきだと具申したが、朝廷ではさらに広く意見を求めた。

❁ 伊勢と熊野の関係に決着

この、熊野と伊勢の同体を検証する論争に関し、当時の識者らにより十数通の上申書が提出された。これらの文書を集成したものが『長寛勘文』として残されている。上申書の意見は、同体説、非同体説、どちらとも決めかねると結論を保留する説に分かれた。同体説は藤原範兼らによるもので、『日本書紀』に伊弉冉尊を熊野有馬村に葬った記事があることを指摘し、さらに『延喜式』に、伊勢の伊佐奈岐宮で伊弉諾尊、伊弉冉尊を祀っている記述があることから、天照大神の父母神が伊勢と熊野の双方に鎮座していると結論付けている。

一方、伊勢と熊野は同体であると結論付けている。
一方、太政大臣の藤原伊通と大学助教の清原頼業は非同体説を唱えた。伊弉冉尊の埋葬地が有馬村というのは、数あるなかの一説にすぎないこと、熊野権現は紀伊の神であり、

第二章　伊勢参りと熊野詣での盛衰

平安末期の伊勢・熊野の対比

地図中の文字：
- 難波、堺、松坂、伊勢神宮、伊勢
- 佐野、吉野、五条、伊勢路（東熊野街道）、長島、尾鷲
- 高野山、藤代
- ・陽の世界　・生の世界　・神の世界
- 塩屋、白浜、田辺、紀伊路（熊野街道）、熊野本宮大社、中辺路、熊野、熊野新宮大社、熊野那智大社
- 伊勢路が廃れ、紀伊路が熊野参詣の主流に。
- 大辺路
- ・陰の世界　・死の世界　・仏の世界

『長寛勘文』により伊勢・熊野の信仰は分離され、両者の間には相対するイメージが定着していった。

伊勢の伊佐奈岐宮と同体ではないこと、熊野で祀る速玉大神は伊弉諾尊の子であって、御子神と母神を同一視はできないこと、伊勢神宮は私幣を禁じ、仏事を行なわないが、熊野には仏僧がいること……これらの点から見て、伊通と頼業は伊勢と熊野が異質の信仰であるとした。

意見は大きく分かれたが、結果としては非同体説が採択され、忠重は流罪に処せられた。

かくして、伊勢と熊野は明確に分離され、熊野三山はより仏教色を強め、独自の教団を組織して発展していく。一時は一体と見なされた伊勢と熊野は、矢ノ川峠を境として、神と仏の世界、生と死の国と対比される関係に変化していった。

113

一遍上人 ── 熊野の地での悟りと阿弥陀信仰の隆盛

第二章 伊勢参りと熊野詣での盛衰

熊野で悟りを開いた一遍

伊勢と熊野が分離し、熊野は仏教色を強めていった。そこで、庶民信仰としての仏教のなかにも熊野信仰を見出すことができる。

その一例が、鎌倉時代に一遍が開いた時宗である。一遍は伊予国の豪族の家に生まれたが、若くして出家。三十三歳のとき、「南無阿弥陀仏」を称えれば阿弥陀如来の法力によって救われるという確信を抱き、名号札を配布しながら浄土教の拠点を巡る遊行の旅に出た。

『一遍上人絵伝』によれば、難波から高野山を経たのち、この世に出現した阿弥陀の浄土と呼ばれる熊野本宮へと向かう山中で一人の僧と出会う。一遍はこの僧に、阿弥陀如来の名が記された名号札を渡そうとするが、信心が起こらないと断られ、押し問答の末、無理やり札を押し付けて立ち去った。

第二章　伊勢参りと熊野詣での盛衰

一遍の熊野参詣

〈一遍の遊行〉

- 正応2年(1289)、摂津国観音堂にて没する。
- 弘安2年(1279)、踊念仏を始める。
- 弘安5年(1282)、鎌倉入りを拒否される。

江刺／平泉／松島／白河／佐久／鎌倉／大坂(天王寺)／善光寺／久美／京都／福岡／厳島／高野山／熊野／大宰府／大野荘／道後／鹿児島(大隅正八幡宮)

〈一遍が受けた熊野権現のお告げ〉

難波／堺／松阪／佐野／五条／吉野／高野山／藤代／熊野本宮大社／塩屋／中辺路／白浜／田辺／熊野新宮大社／熊野那智大社

- 本宮の証誠殿において、山伏姿の熊野権現から、名号札を配り、念仏を勧めて衆生の救済に努めるよう、神勅を受ける。
- 新宮へと入り、「南無阿弥陀仏　決定往生六十万人」と刻んだ賦算の原板を作り、遊行による布教を始める。
- 本宮側からやってきた僧に「南無阿弥陀仏」の名号札を渡そうとするも、信心が起こらないことを理由に拒否される。

→ 一遍の熊野参詣路

一遍は文永11年（1274）2月、熊野に参詣して熊野権現のお告げを受け、宗教者として重要な転機を迎えた。以後、一遍は遊行による布教を開始する。

115

その後、一遍は阿弥陀如来を祀る熊野本宮の証誠殿に詣でた。すると、山伏姿の熊野権現が示現し、「往生は信・不信、浄・不浄に関わらず定められたものなので、誰にでも区別なく札を配るべし」という神勅を受けたという。

これにより、一遍は布教に関する迷いから解放され、自らの進むべき道を明確に見出した。以後、名号札を配る賦算の旅を精力的に続け、四国、九州など各地を回って布教に努めた。いつしか、一遍の赴くところでは信心が歓喜と化し、踊念仏としてあふれ出すようになったという。

時宗にとって、熊野は信仰の重要な位置を占めるようになり、今に至るまで、時宗管長は就任にあたり熊野本宮に参詣するのが通例となった。

●本尊は我が子を思う女御の首

一遍の体験は、託宣の神としての熊野権現の一面をよく示したものだが、それは一遍だけの体験ではなく、ほかにも神託を受けた人は少なくなかったようだ。昼に本宮を訪れた参詣者は、夜に再び参拝する習わしがあり、通夜に祈りを捧げていると熊野権現よりお告げを授かったといった逸話が数多く残されている。

時宗大本山清浄光寺

一遍を宗祖とする時宗の大本山清浄光寺は、遊行上人第4世の他阿呑海により開かれた。

本宮は阿弥陀仏を本地仏としていたため、その神託は何より重視された。その本地仏の由来については、『御伽草子』の「熊野の本地」という物語に見られる。

あるとき、インドの王の女御がほかの后たちに嫉妬され、山の窟で斬殺された。その直前に出産した王子は山の虎狼に育てられ、首を斬り落とされた女御の乳房からは乳があふれ出したという。のちにこのことを知った王は、王子を連れ日本の熊野に飛来し、女御の首を本尊として仏道に励んだと伝えられる。

以来、熊野権現は阿弥陀如来の化身となったという。

こうして神仏一体となったことにより、熊野はより多くの信仰を集めることとなった。

東国の武士 —— 一族結束の精神的支柱となった伊勢と熊野

第二章 伊勢参りと熊野詣での盛衰

◉東国武士に浸透する伊勢信仰

 平安後期から鎌倉時代にかけて、神社や仏教などを取り巻く状況は著しい変化を見せていた。そのなかで伊勢神宮は、いち早く東国武士の取り込みに成功している。
 禰宜らが武士に神宮の神威を説き、寄進を勧めて回ったため、源義国による下野国簗田御厨、平景正による相模国大庭御厨など、領地の寄進が相次ぎ、御厨に天照大神を祀る神明社も設けられた。
 鎌倉幕府を開いた源頼朝は信仰心の篤い人物としても知られるが、伊勢の度会氏の水軍が侮りがたい力を持つこともあり、伊勢に関心を寄せていた。頼朝は、接近してきた権禰宜の度会氏らを祈祷師として近侍させ、自らも武蔵、安房の御厨を献上して伊勢を信仰する一方、神宮への年貢納入などを諸国に厳命して保護している。また、和田義盛が禰宜の娘と結婚するなど、武士が神人と縁戚を結ぶ例も少なくなかった。

118

第二章 伊勢参りと熊野詣での盛衰

中世武士と伊勢・熊野

武 士 階 層

熊野参詣の増加。熊野権現の分霊を領国に勧請。

御厨を寄進し、御厨内に神明社を設ける。

熊野三山

伊勢神宮

中世に入り、武士たちが力を持ち始めると、伊勢も熊野もこの新興階層を取り込もうとした。結果、両者は武士の信仰を集め、その寄進などにより潤うこととなった。

神社の数と種類

（神社本庁調べ）

種　類	祭　神	神社数
神明神社	天照大神	約5400社
八坂神社	須佐之男命	約2900社
金毘羅宮 琴平神社	大物主神	約2000社
諏訪大社 諏訪神社	建御名方神、八坂刀売神	約5700社
春日大社 春日神社	建御雷命、経津主命など	約3000社
熊野神社	須佐之男命、伊邪那岐命など	約3300社
稲荷神社	宇迦之御魂神	約19800社
八幡宮 八幡神社	応神天皇、神功皇后	約14800社
天満宮 天神社	菅原道真	約10300社
住吉大社 住吉神社	筒之男三神	約2000社
恵比寿様	蛭子神、事代主神	約1500社

伊勢信仰が、頼朝を筆頭とする武士層、とくに支配層の上級武士に浸透した背景には、武士はそれまでの伝統的な貴族社会とは異なる新しい秩序を作り出したものの、封建領主として実質的に支配していくためには、やはり、天皇を頂点とする貴族層の伝統的権威を必要とせざるを得なかったという事情もある。

❀ 熊野参詣の主流となった中流武士

熊野では、承久三年（一二二一）の承久の変において田辺別当家が朝廷側に加担して敗れて以降、上皇や貴族の参詣が激減し、鎌倉時代半ばからは武士の参詣が顕著になる。

武士に熊野信仰を広めたのは御師である。武士の台頭に目を付けた御師たちは、平安時代末期には、南奥羽地方にまで布教に回り、武士と契約状を交わすなど連携している。その成果は、まず、奥州藤原氏を初めとした東国の武士による熊野権現の勧請として現われた。武士が熊野信仰を受け入れたのには、熊野権現がもともと貴族層に広く信仰されていたことに加え、阿弥陀や観音による死者供養、種々の現世利益などが、武士の要求に合致していたという理由が挙げられる。

とくに、東国の武士は総領を中心に一族が強く結束していたため、同族結合の精神的

第二章　伊勢参りと熊野詣での盛衰

日本三熊野

- 日本三熊野

熊野神社
（山形県南陽市）

熊野皇大神社
（長野県北佐久郡軽井沢町）

名取熊野三社
熊野本宮社、熊野那智神社、熊野神社が鎮座しており、熊野三社が地理的・方角的に全く同じ構成となっている。

熊野三山
・熊野本宮大社
・熊野那智大社
・熊野速玉大社

中世、武士たちの勧請によって熊野信仰は全国へと広がり、現在では全国津々浦々に熊野神社が鎮座している。

支柱として、中央で信仰されていた熊野神が祀られたといわれている。

こうした武士の熊野信仰は、参詣という形で具現化される。承久の変ののち、東国、西国を問わず、武士の熊野詣でが増加した。熱心な信仰者が多く、生涯に複数回参詣したり、子孫に継承される例も見られた。

なかでも熱心に熊野を参詣したのが、地頭（じとう）クラスの中流武士である。彼らは地主、領主として経済力に恵まれ、旅に必要となる資金を自ら賄（まかな）うことができた。その経済力が、遠隔地からの熊野詣でを可能にしたのである。

一方、庶民層には、参詣ができるだけの経済力を持つ者はまだ少なく、この時代は武士の熊野詣でが目立つ形となった。

121

第二章 伊勢参りとの熊野詣盛衰

源平合戦
——武家の棟梁をめぐる争いを左右した熊野の水軍

● 壇ノ浦の戦いを勝利に導いた熊野水軍

平氏の滅亡を決定した「壇ノ浦の戦い」。この有名な海戦で源氏に大勝をもたらしたのは、古代から熊野を根拠地にしてきた者たちの力であった。

平安時代末期、武家政権として平氏が台頭してくると、伊勢・熊野にもその影響が見られるようになった。

伊勢は、もともと平 維衡以来の伊勢平氏の本貫地であり、伊勢湾で組織された水軍は、平清盛の時代までは熊野の海民や北九州・松浦の水軍と連合し、西日本の制海権を支配する存在だった。

やがて平清盛の支配が強圧的になってくると、熊野でそれに反旗を翻す者が出現した。第二十一代熊野別当の湛増は、平氏に反発している海民たちを熊野三山の名のもとにまとめ上げ、熊野水軍を組織した。

第二章　伊勢参りと熊野詣での盛衰

寿永四年(一一八五)、屋島の合戦を終えた源義経の軍に、湛増率いる熊野水軍が合流した。そして、同年三月の壇ノ浦の戦いに、二千人余りの手兵を乗せた二百余艘の兵船を投入した。

この熊野水軍の船には、若王子の御正体が乗せられ、金剛童子の御姿が描かれた旗が立てられていたので、源平の両軍が拝んだが、船が源氏方に向かったため、平氏側が落胆したという話もある。源氏軍の精神的な支柱としても機能したのだ。

熊野別当系図

```
15 長快
 ├─ 16 長範
 │    ├─ 19 行範
 │    │    ├─ 22 行快
 │    │    │    ├─ 28 範誉
 │    │    │    │    ├─ 尋快
 │    │    │    │    │    ├─ 30 浄快
 │    │    │    │    │    │    ├─ 俊快
 │    │    │    │    │    │    │    ├─ 32 快覚
 │    │    │    │    │    │    │    │    ├─ 33 35 快全
 │    │    │    │    │    │    │    │    │(那智執行家)
 │    │    │    ├─ 23 範命
 │    │    │    │    ├─ 琳快
 │    │    │    │    │    ├─ 定範
 │    │    │    │    │    │    ├─ 長政
 │    │    │    │    │    │    │    ├─ 長真
 │    │    │    │    │    │    │    │(鵜殿家)
 │    │    │    ├─ 26 良範
 │    │    │    │    ├─ 良智
 │    │    │    │    │    ├─ 湛智
 │    │    │    │    │    │(高坊家)
 │    │    │    ├─ 快命
 │    │    │    │    ├─ 湛誉
 │    │    │    │    │    ├─ 38 長慶
 │    │    │    │    │    │(滝本家)
 │    │    ├─ 覚遍
 │    │    │    ├─ 覚増
 │    │    │    │    ├─ 定増
 │    │    │    │    │    ├─ 37 定有
 │    │    │    │    │    │    ├─ 40 定遍
 │    │    │    │    │    │    │(宮崎家)
 │    │    ├─ 行遍
 │    │    │    (石田家)
 ├─ 17 長兼
 │    └─ 18 湛快
 │         ├─ 21 湛増 ※源義経に仕えた弁慶の父ともいわれる。
 │         │    ├─ 27 湛顕
 │         │    │    ├─ 29 湛順
 │         │    │    │    ├─ 31 36 正湛
 │         │    │    │    │    ├─ 慶湛
 │         │    │    │    │    │    ├─ 39 定湛
 │         │    │    ├─ 快実
 │         │    │         (田辺蓬莱家)
 │         ├─ 24 湛政
 │              ├─ 湛真
 │                   ├─ 34 尭湛
 │                   (小松家)
```

123

さらに源氏側に、瀬戸内海で最有力とされた、河野通信率いる三島水軍の兵船百五十艘も合流し、壇ノ浦の戦いの口火は切られた。『吾妻鏡』によると、戦いに参加した源氏の船数は八百四十艘、かたや平氏の船は五百艘だった。源氏のほうが数は多いが、いかんせん海戦は苦手としていた。そうすると、おのずと源氏の主力は熊野と三島の水軍となった。

平氏側にも松浦水軍や阿波水軍がいて、当初は平氏優位に戦が進んだが、潮目が変わったことから戦局は源氏に傾き、その後、安徳天皇が入水し、総大将の平宗盛が捕らえられると、壇ノ浦の戦いは源氏の勝利に終わった。これにより武家社会が到来したのである。

◉源平の運命を分けた闘鶏勝負

源氏の勝利の要因は、熊野水軍を味方に付けられたことだという説もある。『平家物語』「壇ノ浦合戦の事」の冒頭には、源平の両陣営がそれぞれ熊野水軍に自軍に参戦するよう要請する話がある。どちらに付くか迷った湛増が、新熊野社(現・闘鶏神社)において紅鶏と白鶏を戦わせ、源氏側に付けとの神託を得たという。

なお、熊野別当の湛増は源義経に仕えた武蔵坊弁慶の父親であるという説も存在するが、あくまで伝説の域を出ず、真偽のほどは怪しい。

第二章　伊勢参りと熊野詣での盛衰

紀州における平家勢力図

熊野地方では早くから平家の勢力が浸透していた。平治の乱も平清盛が熊野参詣中に勃発している。

三段壁洞窟

白浜の海沿いにある三段壁洞窟は、熊野水軍が船隠し場として利用したと伝わる。

戦乱の世
──次々と入れ替わる武家政権に聖地はいかに対応したか

第二章 伊勢参りと熊野詣での盛衰

❀ 時代に翻弄された伊勢神宮

鎌倉幕府が倒れて以降の戦乱の世を通じて、伊勢は、その時代の支配者により立場をさまざまに変えていくこととなる。

鎌倉幕府を打倒した建武の新政ののち、朝廷は、後醍醐天皇を中心とした公家政権の南朝と、足利尊氏の武家政権である北朝に分裂した。伊勢神宮は皇室と縁が深く、さらに、伊勢に下ってきた南朝の重臣、北畠親房の存在もあって、主に南朝方に付いた。当時の伊勢神宮の神官は、宗教家の顔だけではなく、非常時には僧兵のように武器を手にして戦う、武力集団の性質も持っていた。正平三年（一三四八）、伊勢神宮の軍は尾張の知多半島に上陸し、北朝の軍と一戦を交えたが敗れた。これにより、神宮内部での南朝の勢力は衰えることとなった。

室町時代から戦国時代にかけては動乱の時代であり、伊勢神宮の勢力も衰え、百二十年

第二章　伊勢参りと熊野詣での盛衰

南北朝の動乱と伊勢・熊野

吉野の南朝方行宮址

男山八幡
四條畷
阿倍野
住吉
笠置山
石津
和田
観心寺
千早城
金剛寺
高野山
賀名生
吉野

神官たちは南朝に加担し、北畠顕家らをかくまう一方で、積極的に募兵を行なった。

伊勢神宮

熊野水軍は南朝方に付いて活躍。懐良親王を薩摩へ送るなど貢献した。

熊野三山

□ 南朝方行宮
× 主要戦場

南北朝の動乱において、天皇家と縁の深い伊勢、南朝の行宮が置かれた吉野と関係の深い熊野は、ともに南朝方に加担した。

127

余りの間、式年遷宮が中止されていた。その後、織田信長が台頭してきた頃、式年遷宮も復活する。神宮側は当初、遷宮の費用を民衆からの勧進で賄う予定でいたが、信長は、その必要がないほど多額の寄進をした。勧進活動により民衆と神宮が直接強く結び付き、宗教の権威によって封建支配が混乱することを、信長は懸念したと見られる。

多額の寄進の一方で、信長は、神宮の領地に対し、ほかの社寺と同様の厳しい検地を行ない、伊勢神宮は武家政権の支配下に置かれた。このやり方は、信長から豊臣秀吉、徳川家康へと受け継がれ、伊勢は、その庇護のもと、官社としての勢力を取り戻していった。

●堀内氏による熊野の支配と衰退

一方、室町時代の熊野では、戦国期から安土桃山時代にかけて熊野一帯を支配した。畠山一族が内紛に明け暮れていた。やがて、畠山氏の配下にあった堀内氏が台頭し、熊野一帯を支配した。

その後、天正十三年（一五八五）に、秀吉による紀州攻めが行なわれる。このとき紀州を支配していた勢力は、徹底抗戦する者と秀吉に恭順する者に分かれた。熊野水軍を擁する堀内氏善は、秀吉に臣従する道を選び、のちに熊野の新宮を中心に二万七千石を与えられ、ほかの在地領主を統括する存在となった。

第二章　伊勢参りと熊野詣での盛衰

🔴 九鬼氏系図

```
                          熊野別当
藤原泰救－快真－長快┬湛快－湛増
　　　　　　　　　├長範－行範－行遍－行運
　　　　　　　　　├行円                                    ●熊野別当後裔説
　　　　　　　　　│　行実┬湛恵
　　　　　　　　　└隆善　├道実┬道有－隆真　隆良
　　　　　　　　　　　　　　　 │　　　　　　女子
　　　　　　　　　　　　　　　├道円
　　　　　　　　　　　　　　　└道連　　　　　　　　　　隆良
                                                          工藤
                                         ●長野工藤氏一族説　長野宗忠－政藤

　　　　　　　　　　　　　　宮内大輔　宮内少輔
隆信－隆治－隆房┬隆長
　　　　　　　　└隆良－隆基－隆次－泰隆－定隆　浄隆
                                                  大隅守
                                                  嘉隆
```

志摩を支配した戦国武将九鬼氏は、熊野別当の家系に連なる大名である。嘉隆の代に至り織田信長の傘下に加わり、水軍を率いて活躍した。

　秀吉は、木材供給地として熊野を重要視していた。熊野で産出する熊野材は、方広寺大仏殿の造営や、頻発する各地の築城工事の建築資材として利用された。

　秀吉配下となった堀内氏善は、秀吉の四国平定や後北条氏攻め、朝鮮出兵に際しても、熊野水軍を率いて参戦し、武功を重ねた。だが、慶長五年（一六〇〇）の関ヶ原の戦いでは西軍に加担して家康の東軍に敗れた。

　関ヶ原の戦いののち、紀伊国へは新たに浅野幸長が国守として入国した。幸長は、慶長十五年（一六一〇）に名古屋城を普請した際、海運で貢献した熊野の漁民に褒美を与えたり、伝馬船の許可を与えたりしたこともあり、熊野の人々はこれを受け入れた。

129

第二章 伊勢参りと熊野詣での盛衰

信仰の盛衰 ── 十六世紀、伊勢参りに参拝客を奪われた熊野詣で

●伊勢の御師制度と熊野の神道化

奈良時代、熊野は修験道の聖地として知られ、多くの修験者が修行に励んでいた。平安時代から室町時代にかけて、熊野信仰は隆盛し、歴代の上皇らによる度重なる熊野行幸が行なわれた。十五世紀の室町末期には一般民衆による熊野詣でが盛んとなり、その様子は「蟻の熊野詣で」と呼ばれるほどであった。

一般大衆の間で熊野詣でが盛んとなった理由としては、参拝者を熊野まで導くための先達、御師のしくみがいち早く整備されたことが挙げられる。先達が各地で参拝者を誘致し、熊野へと引率し、これを御師が引き受け、宿泊や参詣の世話をするという段取りだ。

しかし十六世紀に入ると、熊野詣ではしだいに衰退していき、これに反比例するように、伊勢参りが盛んとなる。これは、立地面で伊勢のほうが参詣しやすかったこと、伊勢でも御師の制度を取り入れたことなどが、要因の一つとして挙げられるだろう。また、紀伊藩

130

第二章　伊勢参りと熊野詣での盛衰

大門寺坂

世界遺産に指定された熊野古道の大門寺坂。伊勢参詣が今も根強い人気を誇る一方、熊野は世界遺産に指定され、多くの観光客で賑わいを見せる。

　の方針で熊野の神道化が進んだことで、寺を拠点に勧進や布教に携わってきた勧進比丘尼らの活動が低調化したことも見逃せない。

　とはいえ、熊野信仰はそのまま途絶えたわけではなかった。江戸時代には、一般民衆による西国三十三所観音巡りに取り込まれる形で、熊野詣では続いた。しかし、明治維新後、祭政一致政策のもとに神仏分離が進められると、仏が日本の神々に化身しているとする本地垂迹説を取り入れていた熊野への参詣者は激減することとなった。

　一方、伊勢参りは、時代を経るにつれ盛況となった。とくに江戸時代には、「お蔭参り」「抜け参り」などの社会現象が起こるほど、庶民の間に広く信仰が行き渡った。

131

第二章 伊勢参りと熊野詣での盛衰

東海道と伊勢参り ── 「弥次喜多」の道中記で知られた江戸時代の幹線道

◉当時の旅は早朝の出発が常識

　江戸時代、関東から伊勢参りをする人々は、東海道を使うのが一般的だった。江戸から各地へ延びる五街道のなかでも、京都、大坂へとつながる東海道は最も交通量が多く、早くから宿場が発達した。旅館や伝馬など、街道沿いの宿場におけるサービスの充実ぶりは、日本を訪れた外国人にも驚きの目で見られたようで、江戸時代の日本は、世界でも有数の「旅行大国」だったといえる。

　当時の庶民による旅行の様子は、文芸作品によっても知ることができる。その代表作ともいえるのが、文化七年（一八一〇）から刊行された十返舎一九の『東海道中膝栗毛』で、江戸の下町、神田八丁堀の住人である弥次郎兵衛と喜多八が伊勢参りを思い立ち、いたずらや失敗を繰り返しながら東海道を旅する道中が、面白おかしく描かれている。

　当時の旅は、朝は早めに出発し、日の暮れる前には次の宿にたどり着くようにするのが

第二章　伊勢参りと熊野詣での盛衰

一般的だった。俗謡に「お江戸日本橋七つ立ち」とあるように、初日の朝は午前四時頃には出発していたようだ。一日に進む標準的な距離は、男性で十里（約四十キロメートル）、女性で六里（約二十三キロメートル）程度だったと見られる。『東海道中膝栗毛』の弥次喜多コンビは、江戸から伊勢までの約四百キロメートルに十泊十一日を費やし、その途中、戸塚、小田原、三島、蒲原、府中、岡部、浜松、赤坂、宮、四日市の各所で宿泊している。

本陣から木賃宿まで、旅館の種類はさまざま

旅行者の泊まる宿は、いくつかのグレードに分かれていた。参勤交代の大名や旗本、幕府役人らの宿泊所として指定されていたのが本陣で、地元の有力者の居宅などがあてられた。宿としては最も格式が高かったが、一般客の宿泊は原則として認められていなかった。本陣に次ぐ格式の宿としては脇本陣があり、複数の大名が一つの宿場で鉢合わせした場合は、格の低いほうが脇本陣を利用した。一種の予備的施設といえるが、脇本陣については一般旅行者の利用も認められていた。

一般の武士や庶民には、食事付きの宿である旅籠が広く利用された。宿泊代は二百文から三百文程度で、一組の旅行者に一部屋が提供されるのが普通だったが、混雑時には相部

133

屋の場合もあり、女性旅行者には悩みの種となったという。旅籠には、給仕役の女性従業員として飯盛女が置かれたが、宿同士のサービス競争などに伴い、売春婦へと変化する例が少なくなかった。こうした性的サービスの存在を嫌う旅行者もいたので、飯盛女を置かない旅籠を「平旅籠」と呼んで区別することもあった。

旅籠よりさらに簡素な宿としては木賃宿があった。ここでは自炊が原則で、宿泊者は米などの食料を持ち込み、燃料代（木賃）を支払い、共同で料理をした。弥次喜多の二人は、窃盗被害に遭い無一文となった蒲原で木賃宿を利用しているが、食料を持参しなかったため、他人の食事を空腹状態でただ眺めるだけという辛い経験をしている。

❁ 箱根八里は馬でも越すが、越すに越されぬ大井川

江戸時代の庶民は基本的に自由に国内を移動でき、在地の土豪らが設けた私的な関所も、織田信長の時代に撤廃されていた。ただし、治安上の理由により、街道の要所には関所が設けられ、人や物資の出入りが監視された。東海道では箱根と新居に関所があり、とくに箱根の関所は、「入り鉄砲に出女」といわれたように、江戸に持ち込まれる武器類と、江戸から地方に出る女性について厳しく目を光らせていた。

第二章　伊勢参りと熊野詣での盛衰

関所を通過する際に、旅行者は関所手形の提出を求められた。一般庶民の場合、関所手形は大家や名主が発行した。

これは、旅行中に常時携帯する一種の身分証明書で、旅行者には往来手形の所持も義務付けられていた。このほか、旅行者には往来手形の所持も義務付けられていた。住所氏名のほか、旅の目的、寺の壇家であることを保証する旨などが記されていた。住所氏名のほか、旅の目的、寺の壇家であることを保証する旨などが記されていた。弥次喜多の二人も、溜まっていた家賃を大家に支払い、布施として百文を檀那寺に渡して、この二種類の手形を発行してもらっている。

こうして無事に箱根の関所を通過できた暁には、「山祝い」と称して祝杯を上げるのが、当時の旅の習わしだったという。

箱根の関所と並ぶ東海道の難所が、駿河と遠江の国境にある大井川の渡しだった。当時の大井川は、流れが速いうえに、天候によって川筋や水量が大きく変わったため、橋を架けることも、渡し船を出すことも難しかった。そこで、両岸の金谷、島田の、合わせて約七百名の川越人夫が、肩車や輦台（担ぎ棒の付いた台）で対岸に人馬や荷物を運んだ。

渡し賃は川の水位により変動し、輦台による渡しは肩車より割高となった。また、通常の水位とされた二尺五寸より一尺上昇すると馬を運ぶのが中止され、さらに一尺上昇して四尺五寸（約百三十六センチメートル）になると川止めとなり、人を運ぶのも中止され

135

中山道
（1716年、中仙道を中山道と改称）

東海道

信濃／塩尻／洗馬／贄川／藪原／宮越／福島／上松／須原／野尻／下諏訪／芦田／望月／和田／長窪／八幡／塩名田／岩村田／小田井／追分／沓掛／軽井沢／碓氷／坂本／松井田／安中／板鼻／高崎／倉賀野／新町／本庄／深谷／熊谷／鴻巣／桶川／上尾／大宮／浦和／蕨／板橋／江戸（日本橋）

六郷の渡し／品川／川崎／神奈川／保土ヶ谷／戸塚／藤沢／平塚／大磯／小田原／箱根／三島／沼津／原／吉原／蒲原／由比／興津／江尻／府中／丸子／岡部／藤枝／島田／金谷／日坂／掛川／袋井／見付／浜松

戸田の渡し
馬入の渡し
酒匂の渡し口
富士川の渡し
天竜川の渡し

武蔵／甲斐／相模／伊豆／遠江／信濃

江戸を出た最初の城下町となる小田原。ここを出ると「天下の険」と形容された箱根へと入る。

駿河と遠江を隔てる大井川は、東海道の難所として知られた。橋が架けられていないため、川越人夫が、肩車や輦台（担ぎ棒の付いた台）で対岸に人馬や荷物を運んだ。

渡船（わたしぶね）
徒渡り（かちわたり）

● 伊勢への旅

- ○ 宿　駅
- ◎ 城下町（城持・陣屋）
- ‡ 関　所

東海道最大の宿場町「宮宿」。熱田神宮が鎮座するこの宿場は、桑名宿と七里の渡しで結ばれていた。

伊勢への分岐は「日永の追分」。東海道五十三次の四日市宿と石薬師宿の間の宿であり、旅籠や茶店が並んでいた。

美濃　近江　(三条大橋)　山城　河内　大和　伊賀　伊勢　三河　本坂道（姫街道、本坂通）

琵琶湖

美江寺　河渡　加納　鵜沼　伏見　太田　御嶽　細久手　大久手　中津川　落合　馬籠　妻籠　三留野
垂井　赤坂　大垣
関ヶ原　今須　番場　鳥居本
醒ヶ井　柏原
高宮　愛知川　武佐　守山　草津　大津　伏見　淀　枚方　守口　大坂
京都
石部　水口　土山　坂下　関　亀山　庄野　桑名　四日市　石薬師
名古屋　熱田(宮)　鳴海　池鯉鮒　岡崎　藤川　赤坂　御油　吉田　二川　白須賀　新居 ‡ 舞坂　今切の渡し

美濃路　佐屋路

七里の渡し(海路)

伊勢参宮街道

⛩ 伊勢神宮

た。ただし、幕府の公用文書は例外で、三十人ほどでチームを組んで必死に運んだという。

伊勢参りのあとも旅を続けた庶民

大井川を越え、浜松、吉田、岡崎などを経て、東海道でも最大級の宿場である宮（熱田神宮）へ到達すると、京都までの経路はいくつかに分かれる。ほかに、海上を船で桑名へ向かう「七里の渡し」が東海道の公式経路で、約四時間の船旅となる。

「十里の渡し」や、名古屋から木曽街道に出て陸路の旅を続ける経路などもあった。

伊勢参りを目的とする弥次喜多の二人は、四日市の先にある分岐点「日永の追分」で、東海道から伊勢街道に入り、伊勢神宮を目指すこととなる。

『東海道中膝栗毛』では、伊勢参りを無事に済ませた弥次喜多は、さらに、京都、大坂へと旅を続けるが、これは当時の庶民の一般的な旅行ルートでもあった。物語はここで終わる予定だったが、評判が良かったため、さらに金刀比羅宮、宮島へと旅を続け、帰りは中山道に入り、善光寺、草津温泉といった名所を巡って江戸に帰り、ようやく完結した。

約二十年間にわたり書き継がれた『東海道中膝栗毛』は、庶民が気軽に楽しめる読み物だったと同時に、旅に関する知識や教訓が得られるガイドブックでもあった。

第三章 江戸庶民の伊勢参りと熊野詣で

第三章 江戸庶民の伊勢参りと熊野詣で

江戸幕府の伊勢と熊野——三つの聖地を徳川家はいかに統治したか

●紀伊藩主となった南海の竜

江戸時代、伊勢と熊野はともに紀伊藩（紀州藩）の支配下にあった。五十五万五千石の紀伊藩は、紀伊国と伊勢国南部を治める、親藩最高位の徳川御三家の一つである。

元和五年（一六一九）、安芸国へと転封された浅野家に替わり、徳川家康の十男であり、「南海の竜」とも称された徳川頼宣が、紀伊藩主として入国する。家康は、まだ年若い頼宣に、腹心の幕臣である安藤帯刀直次と水野重央を家老として付けて、藩政を補佐させた。

紀伊藩の治める領地には、伊勢神宮や熊野三山をはじめ、高野山や根来寺など、広大な寺社地や強い影響力を持つ宗教組織が多くあり、宗教王国といわれていた。また、熊野地方の土豪勢力は天正十六年（一五八八）と元和元年（一六一五）に一揆を起こすなど、支配の難しい気風があった。

そこで家康の取った手段が、実子である頼宣を送り込んでの統治だった。藩主となった

第三章　江戸庶民の伊勢参りと熊野詣で

近世の熊野信仰

年　代	出　来　事
元和5年（1619）	徳川頼宣が紀伊国と伊勢松坂などを拝領し、紀伊藩主となる。
寛永6年（1629）	徳川頼宣が熊野に参詣する。
延宝3年（1675）	熊野本願寺院、修験道との兼勤を禁止され、以降、熊野三社の修復権が社家側へ移る。
享保元年（1716）	紀伊藩主徳川吉宗が8代将軍となる。
享保6年（1721）	徳川吉宗、熊野三山修理料として2000両を寄進する。
明治元年（1868）	神仏分離令により、三山から堂塔・仏像などが取り除かれ、社僧は還俗して社家神官となる。
明治5年（1872）	修験道廃止令が出され、修験者は真言・天台の僧侶になるか、還俗を強制される。
明治22年（1889）	水害により熊野本宮大社が流失し、2年後、現在地に遷座する。

　頼宣は、和歌山城を改修し、城下町を整備した。そして地元の土豪勢力を懐柔するために、苗字帯刀を許し、地方代官的な権力を与え、領民と藩の間のパイプ役に据えるというもの。
　頼宣は、これらの政策により紀伊藩の基盤を固めた。元和九年（一六二三）に、紀伊藩主として初めて参詣し、寛永六年（一六二九）にも参詣の記録が残っている。
　頼宣は、何度か熊野に参詣した記録がある。

141

また、伊勢神宮に対しても、神領を寄進したほか、寛永十七年（一六四〇）からの三十年間に「七度参り」を達成するなど、信仰心が篤かった。

◉ 幕府による伊勢・熊野の扱い

伊勢・熊野に関する江戸幕府の政策は、基本的には、織田信長や豊臣秀吉の行なった政策を踏襲するものだった。すなわち、社寺修築等の資金を庶民から募る勧進活動の規制と、領地の制限である。これにより、庶民が寺社勢力と結び付くのを避け、勢力拡大を抑えた。家康が征夷大将軍となると、まず、熊野三山の社領を没収し、改めて下付するという方法を取った。さらに、紀伊藩が熊野の神道化を進めたことで、それまで勧進活動の中心にあった、仏教系の熊野山伏や勧進比丘尼の動きが低迷する結果となった。

一方、伊勢神宮は、家康により朱印地として所領を安堵（所領として承認）されていた。

朱印地は、名目上は幕府の公領ながら、租税は免除されており、実質的には寺社領であった。神宮の石高は、家康により安堵されて以来、若干の増加を経て六千石程度だったが、朱印地からの年貢米収入のほかにも、全国の信徒や参詣者からの供米や賽銭があり、経済基盤は安定していたと考えられる。

第三章　江戸庶民の伊勢参りと熊野詣で

江戸幕府の寺社統制

```
                        幕　府
          1601～16年 崇伝の起草 │ 1635年設置
          ┌─────────┤        │
       寺院法度      寺         1665年制定
              46通   社    諸社禰宜神主法度（ねぎかんぬし）
       1665年制定    奉         5ヶ条
       諸宗寺院法度   行
          9ヶ条
          ▼          ▼          ▼
    ── 寺　院 ──            ── 神　社 ──
    朱印地、黒印地            朱印地、黒印地
    本山・末寺の制            神職の補任（ぶにん）は主
    寺請制度（てらうけ）       として吉田家、
    寺請証文                 白川家が取扱う
```

＊朱印地は将軍の朱印状で、黒印地は大名の
　黒印状（お墨付き）で認められた土地のこと
　　（左右とも東京大学出版会『講座日本の歴史 6』など）

全国に存在した寺社領は、戦国時代には諸大名によって侵食されていったが、江戸幕府の統制下に置かれると、朱印地・黒印地として保障されることとなった。

将軍家奉納の刀

5代将軍綱吉の生母桂昌院によって寄贈された短刀。

143

第三章 江戸庶民の伊勢参りと熊野詣で

先達と御師 ── 各地で信仰を広め参詣者を誘致するしくみ

●熊野で成立した御師の制度

伊勢と熊野に多くの参詣者が集まった背景には、世話人たる先達や御師の存在があった。

先達と御師の制度は鎌倉時代に熊野で生まれたとされる。それが室町時代に入り、伊勢や他の寺社へと広がっていった。

日本各地に渡り熊野信仰を広めた熊野修験者は、やがて、参詣者（檀那）を熊野まで引率する先達へと進化した。熊野までの道のりは長く険しく、道中を熟知した引率者の同伴が必須だった。

また、鎌倉時代から室町時代にかけては、熊野へ向かう途上に、現地の土豪らが設けた関所が存在し、通過する旅行者から関税を徴収していた。関所は数多くあったため、旅行者にとって関税は重い負担となった。しかし、常連客ともいえる先達は免税の特権を得ていることが多く、その場合、同伴の参詣者にも免税が適用された。

第三章　江戸庶民の伊勢参りと熊野詣で

『熊野那智参詣曼荼羅』

(國學院大學図書館所蔵)

曼荼羅に描かれる人々

熊野詣でに訪れた夫婦。

川の畔で桜を眺めるのは和泉式部。月の障りでも熊野権現から参詣を許されたといわれる。

炎が刻印される大滝の前で修行する文覚上人。死に瀕したとき、ふたりの天童に救われたといわれる。

妙法山に登ったところで忽然と姿を消す。

那智の社堂や伝説、参詣者が描かれる絵図。先達に導かれる白い装束の夫婦の跡を追うことで、参詣の風景をうかがい知ることができる。

なお、伊勢においては先達の制度は見られなかった。これは、伊勢が熊野と違って平地にあり、自力で参詣しやすいという地理的要因によると見られる。

御師は、先達が引率してきた檀那を熊野で引き継ぎ、宿泊や祈祷の世話をした。檀那は代々決まった御師の世話になる慣例だったため、檀那の名簿は財産と見なされ、御師の間で売買されることもあった。

伊勢においても、熊野に倣う形で御師の制度が生まれたが、伊勢の場合は、宿泊や祈祷の世話をするだけでなく、御師自身が全国各地に檀那の獲得に赴いた。なお、熊野では御師を「おし」と呼び、伊勢では「おんし」と呼んだ。

室町時代になると、他社に先駆けて活動を始めた熊野の先達、御師らの働きが実を結び、武士はもとより、庶民層にも熊野信仰が広まった。こうして、熊野へ向かう参詣道は「蟻の熊野詣で」と呼ばれる賑わいを見せることとなった。

❀顧客の獲得、維持に各地を回った伊勢の御師

盛況であった熊野詣でも、江戸時代に入ると、幕府や紀伊藩の締め付けもあって衰退を見せ始めた。

第三章　江戸庶民の伊勢参りと熊野詣で

伊勢・熊野の御師のしくみ

> 先達が地方の檀那を獲得し参詣を先導。道案内を行なって熊野に入る。熊野へ入ると今度は先達の主にあたる御師が参詣者の対応にあたった。

> 交通網の発達した伊勢では、修験の修行経験を持つような先達は必要がなかったため、御師が自ら地方へ赴いて師檀関係を結び、参詣者を伊勢へ導いた。

○ 先達　● 御師

本宮大社
[熊野]
那智大社　速玉大社
地方　　　地方

伊勢神宮
[伊勢]

熊野に登場した御師のシステムは、伊勢へと伝播し、よく似た布教スタイルがとられるようになる。

　一方の伊勢は、立地面で熊野より有利で参詣しやすかったこともあり、庶民による娯楽旅行的な要素も含めた「お伊勢参り」として栄えることとなる。

　伊勢の御師は全国各地に赴き、現地で伊勢講の結成を勧め、年に一度は檀那廻りをしてお祓いを行ない、伊勢神宮のお札のほか、伊勢土産として、おしろいや熨斗アワビ、暦などを配った。

　檀那からは、初穂料として御師に金品が支払われた。

　こうした先達と御師の制度は、現代における旅行代理店、ツアーガイド、ホテル・旅館経営を先取りしていたシステムといってもよいだろう。

第三章 江戸庶民の伊勢参りと熊野詣で

熊野比丘尼 ── 絵解きを行ない熊野信仰を広めた女性たち

●女性層への浸透に貢献した熊野比丘尼

熊野信仰の特徴の一つとして、浄不浄を問わずという信条のもと、広く参詣者を受け入れたことが挙げられる。このため、女人禁制を謳った高野山などとは異なり、熊野には女性の参詣者も少なくなかった。

庶民女性層に対する熊野信仰の浸透に大きく貢献したのが、熊野比丘尼と呼ばれる女性たちの活動だった。熊野比丘尼の起源については不明な点が多いが、時宗系の尼僧、あるいは熊野山伏の妻を熊野から各地に派遣したものと見られ、新宮の妙心寺や那智の補陀洛山寺などがその拠点となったという。

熊野比丘尼の活動が目立ち始めるのは室町時代以降で、彼女らは日本の各地において、『熊野観心十界曼荼羅』の絵解きを行ない、熊野権現の縁起や小栗判官の物語を語り、護符である牛玉宝印を配った。

こうして、熊野権現のご利益を説き、熊野詣でを勧めるとともに、宮社の修築などのた

熊野比丘尼の布教

『熊野観心十界曼荼羅』の絵解きを行なって熊野信仰を広める熊野比丘尼の姿。

めの費用を集めた。

『熊野観心十界曼荼羅』では仏教の輪廻転生の世界が絵でわかりやすく説明されているが、そこでは、女性だけが堕ちる血の池地獄や石女地獄の様子も描かれている。熊野比丘尼は、これらの生々しい地獄絵図を前に女性の救済を説き、それまで仏教信仰とはあまり縁のなかった庶民女性らに帰依を勧めた。

しかし、江戸時代中期以降は、熊野信仰の衰退とともに熊野比丘尼の活動も停滞し始める。純粋な布教目的の活動は影を潜め、歌念仏などの芸能のかたわら売春を行なって生計を立てる者も少なくなかったといわれる。

第三章 江戸庶民の伊勢参りと熊野詣で

お蔭参りと抜け参り

—— 数十年周期で起こった謎の社会現象と民衆運動

数百万人が短期間に伊勢に押し寄せた「お蔭参り」

近世に入ると、伊勢神宮への参詣者は、幕府による街道の整備や、全国各地に散った御師らの活動などにより、飛躍的に増えていった。とくに江戸時代には、「お蔭参り」と呼ばれる集団参詣が、一種の社会現象としてたびたび巻き起こった。

寛永十五年（一六三八）頃、人々の間である噂が飛び交った。空から伊勢神宮のお札が降って来た、伊勢踊りをしたら病気が治ったといった、伊勢神宮の奇蹟を伝えるもので、多くの庶民をこの種の噂は、ほぼ二十年周期で巷間に広がり、それに反応する形でお参りが流行した。なかでもとくに大きなブームは、約六十年ごとに起こった。そのときの参詣者数は、宝永二年（一七〇五）に三百六十二万人、明和八年（一七七一）に二百七万人、文政十三年（一八三〇）に四百二十七万人と推定され、前後の年に比べ突出していた。

150

第三章　江戸庶民の伊勢参りと熊野詣で

お蔭参りの流行

年　代	出　来　事
慶長19年(1614)	8月、伊勢の大神が野上山に遷ったとの流言が起こり、伊勢踊りが流行。伊勢参宮が全国的に広がる。
元和元年(1615)	3月、諸国で伊勢の大神が飛び遷ったとの流言が起こり、伊勢踊りが流行。伊勢参宮が全国的に広がる。
寛永15年(1638)	夏、諸国の群衆が伊勢へ参宮。
慶安3年(1650)	お蔭参りの始まり。箱根の関では、正月下旬からの3ヵ月で1日平均500～600人が参詣し、3月中旬から5月までで平均2100人が参詣したという。
寛文元年(1661)	群参があったという。
宝永2年(1705)	抜け参りが流行。362万人が参詣した。
享保3年(1718)	正月より翌年までに42万7500人が参詣した。
享保8年(1723)	諸国より群参があったという。
元文5年(1740)	群参があったという。
明和8年(1771)	4月から8月までに207万人の参詣者があったという。
文政13年(1830)	ひしゃくを持参し伊勢神宮の外宮の北門に置いていくことが流行った。427万人が参詣したという。
安政2年(1855)	ええじゃないか。お蔭参りの影響を受けた集団参詣。

　お蔭参りが流行し始めると、伊勢へ続く街道沿いでは、地元の富裕者らが参詣者に米、銭、襦袢などを施すのが慣例だった。この施しにより普段よりも安い旅費で参詣できるので、これを神の恵みと見なし、「お蔭参り」という言葉が生まれたという。

　これほどの大人数が伊勢神宮へ参詣できるようになった背景には、いくつかの要因が考えられるが、なかでも大きいのは、関所の撤廃であった。十五世紀半ばには、伊勢国桑名から三重郡日永までおよそ十八キロメートルの道程に、六十カ所もの関所が存在したという。そこを通る参詣者は、関所ごとに関税を徴収されることになり、総額としては軽視できないほどの経済的負担となった。しかし、

織田信長の時代になるとこれらの関所は廃止され、伊勢参りを阻む障害の一つが取り払われることとなった。

誰も咎めることのできなかった「抜け参り」

伊勢参りには、お蔭参りに似た「抜け参り」というものもあった。これは、店の使用人、家庭の妻、子供らが、店の主人、夫、親などの許可を得ずに伊勢参りに出てしまうものである。伊勢参詣が目的の旅であったことから、これを咎（とが）めたりするような家庭の妻、子供らが、店の主人、夫、親などの許可を得ずに伊勢参りに出てしまうものである。伊勢参詣が目的の旅であったことから、これを咎（とが）めたりするような家庭の妻、子供らが、店の主人、夫、親などの許可を得ずに伊勢参りに出てしまうものである。伊勢参詣が目的の旅であったことから、これを咎めたりすると天罰が下るようなことはなかったという。お蔭参りは特定の短期間に大勢が参詣するのに対し、抜け参りは、とくに時期を限ることなく、個人または少人数で恒常的に行なわれていた。

これらお蔭参りや抜け参りは、江戸幕府など、ときの支配者にはあまり歓迎されなかった。これらの伊勢参りは、神事にかこつけた、民衆による一種の解放運動と見ることもでき、熱狂的な信仰心が、キリシタン一揆（いっき）や一向一揆（いっこう）のような民衆暴動に発展することを、支配者側は恐れた。抜け参りなどは、使用人が主人に無断で職場を放棄することでもあり、神の権威を利用しての支配者層への反抗という一面を持っているともいえた。

152

第三章　江戸庶民の伊勢参りと熊野詣で

伊勢踊り

伊勢踊りは、男女が輪になって華美な服装で仮装をして踊り狂うもので、全国的に大流行した。その初見は『武江年表』にある寛永15年(1638)の記事である。

●「ええじゃないか」の拡大

幕末に起こった「ええじゃないか」は、尾張吉田の宿場町で始まるや、驚異的なペースで全国へ広がった。

153

第三章 江戸庶民の伊勢参りと熊野詣で

伊勢講

― 伊勢参りを目的に金銭を積み立て、くじ引きや順番で数人が代参

●農村の経済力上昇と御師の顧客開拓で各地に誕生

室町時代になると、農村では稲の品種改良など農業技術が向上し、経済的にも時間的にも余裕が生まれた。やがて、自作農的な中小の名主が台頭してきて力を持って団結し、郷村制と呼ばれる自治組織を作るに至った。伊勢の御師たちは、これら新たに生まれた郷村に赴くと、そこで伊勢信仰の布教を行ない、村全体を信徒にした。この村単位の信徒集団が、江戸時代に農村において普及する「伊勢講」の起源となる。

伊勢講の起源に関する最も古い記録は、応永十四年（一四〇七）に中流貴族により結成された「神明講」とされる。当時、伊勢神宮は神明とも呼ばれていたので、神明講と伊勢講は同種の内容といえる。のちの応永二十四年（一四一七）に別の中流貴族により記された文献によると、十人ほどで結成された神明講が毎月二十五日に開催され、月ごとの当番が講の世話にあたり、費用は各自分担とし、酒や食事を楽しみつつ歓談したという。

第三章　江戸庶民の伊勢参りと熊野詣で

東海道と中山道

江戸時代、幕府によって五街道を中心とした交通網が整備されると、これに伴い伊勢参詣が庶民層に浸透。生涯一度の伊勢参詣が人々の憧れとなった。

箱根の関所跡

江戸から伊勢へと向かう人々が必ず通過した箱根の関所。たびたび起こったお蔭参りの際にも、詳細な記録が残されている。

このような講は、貴族以外の層においても存在したと見られ、嘉吉二年（一四四二）に発せられた徳政令には、神明講と熊野講の信徒宅を訪問し、お祓いをするとともにお札などの伊勢土産を配る「檀那廻り」が始まった。

十六世紀に入ると、御師が伊勢講の信徒宅を訪問し、お祓いをするとともにお札などの伊勢土産を配る「檀那廻り」が始まった。

◎贅沢な娯楽旅行でもあった伊勢参り

一般に伊勢講では、伊勢参りを目的に構成員が金銭を積み立て、くじ引きや順番で数人ずつ代参した。積立金は、共有の田や林などから得られる収入をあてるところもあった。

江戸時代、東海道が整備されたとはいえ、江戸から伊勢までの往復には、一カ月半ほどの期間と、だいたい十両程度の旅費、現代の価値にして六十万円ほどがかかったという。けっして安い額ではなく、お蔭参りの流行が起きて沿道での施しが期待できる場合を除いては、庶民が大勢で連れ立って参詣に行くことは経済的に難しかった。

代参した伊勢講の講員は、伊勢に近い場所まで到着すると御師（または代理人）の出迎えを受け、御師宅に招かれた。そして、まずは御師宅の神楽殿で五穀豊穣などの神楽を奉納し、その後、伊勢神宮へと参拝した。

第三章　江戸庶民の伊勢参りと熊野詣で

伊勢講のしくみ

天照大御神

村人　村人　村人　村人

伊勢講では、伊勢参りを目的として数人から数十人が一定の金銭を積み立てて、参宮の費用にあてた。毎月のように講元の家に集まり、天照大御神の掛軸の前で歓談が行なわれた。

くじ引きで選ばれた者が参宮へ
御師の先導により伊勢へ参宮し、お供えを献進。豊穣に感謝し、また翌年の豊穣を祈る。

外れた者たちは宴を張って餞別を贈り、代参者の留守宅では無事を祈って鎮守社への日参が行なわれる。帰着に際しては、代参者を村境まで出迎えに行く。

伊勢での宿泊先である御師宅において、講員は至れり尽くせりのもてなしを受けた。食事には伊勢海老やアワビなどの名物が饗され、夜はふかふかの布団が用意されたという。

当時の伊勢参りは、名所観光に御馳走付きという慰安旅行の面も少なくなかった。各地に残る伊勢講の記録には、伊勢で受けた歓待の感激を綴ったものが多く見られる。

157

伊勢暦 ── 伊勢の御師が伊勢神宮のお札と共に檀那に配った土産物

第三章 江戸庶民の伊勢参りと熊野詣で

● 全国的に広がった伊勢暦

伊勢参りの隆盛とともに全国にその存在を知られるようになったのが、伊勢の御師が各地の檀那に配った「伊勢暦」だった。日本では、明治五年(一八七二)に太陽暦が採用されるまでは、月の満ち欠け(月齢)を基本とする太陰暦が使用されてきたが、太陰暦の十二カ月はおよそ三百五十五日となるため、三年に一度ほど閏月を設けて、月日と季節のずれを修正する必要があった。そのため、太陰暦は太陽暦よりも複雑なものとなり、商売や農作業の計画を立てるには、向こう一年程度の暦を知っておくことが不可欠といえた。

数年おきに閏月が追加されて一年の日数が大きく変わるというのは、現代から見ると不都合だらけにも見えるが、太陰暦では、将来のある日付における月明かりの状態を容易に想定でき、また、漁業において重要な潮の満ち引きの周期も毎月の日付にほぼ対応しているなど、太陽暦にない利点もあった。

第三章　江戸庶民の伊勢参りと熊野詣で

こらむ

伊勢和紙の登場

　伊勢和紙は、三重県伊勢市で漉かれている和紙で、伊勢神宮の神宮大麻（お札）のほか、日本全国の多くの神社のお札やお守りの用紙として使われている。和紙らしい清浄な風合いを保ちながら、各神宮・神社の文様を漉き込むなど、高度な技術も兼ね備えている。その歴史は、明治維新後の神宮改革により職を失った伊勢神宮の御師たちが、美濃や土佐から和紙職人を招いて紙漉きの技術を習得したのが始まりとされ、以後、100年以上にわたり、神宮大麻を奉製してきた。近年では、インクジェット・プリンターで印刷できる和紙など、現代のニーズに即した製品を開発している。平成6年（1994）には、三重県の伝統指定工芸品に認定された。

　古代から、暦は支配者の管理するものであった。律令時代の朝廷では、陰陽寮に属する陰陽師が暦の作成、管理に携わった。

　近世になると、暦は幕府により管理され、認可制、専売制となり、私製はもちろん、無断で書き写すことさえ禁じられた。

　江戸時代初期は、御師の配る暦としては、朝廷のお膝元で発行されていた「京暦」や、伊勢の丹生で賀茂家が発行していた「丹生暦」などが用いられた。その丹生暦を起源にして、寛永八年（一六三一）、伊勢の森若太夫と箕曲甚太夫により「伊勢暦」の印刷が開始された。江戸時代にはほかにも、南都暦、三島暦、江戸暦、仙台暦、薩摩暦など、各地で暦が作成されたが、伊勢暦は一番人気だった。

159

伊勢暦の人気の理由

伊勢の御師は、全国各地の檀那を定期的に訪問する際、伊勢神宮のお札とともに、さまざまな土産を持参した。伊勢土産のなかで、一般に最も喜ばれたのが伊勢暦だった。伊勢暦は、暦として正確であるうえ、印刷が美しく、八十八夜や二百十日など農作業に必要な情報の記載もいち早く開始され、人々に重宝された。また、御師の訪問時期は正月前が多かったことから、めでたい縁起物としても喜ばれた。

伊勢暦の体裁は、経典のように横長な用紙を畳んだ折本で、元となった丹生暦を受け継いでいる。本の装飾は配布先の檀那の格式により変わり、簡素な並製のもの、金箔を押した豪華版など数種類あった。伊勢暦の販売は禁じられていたので、土産という形で檀那に渡され、檀那は初穂料を御師に奉納していた。江戸期を通じて伊勢暦の人気は高く、幕末期の発行部数は二百万部に達し、国内の暦の約半分を占めたという。

明治四年（一八七一）に御師の制度が廃止されると、その煽りを受けて伊勢暦の配布も打ち切られた。しかし、明治十六年（一八八三）からは神宮司庁の発行する「神宮大暦」と「神宮暦」に姿を変え、現代まで毎年発行されている。

第三章　江戸庶民の伊勢参りと熊野詣で

地方暦の分布（幕末〜明治初年頃）

凡例:
- 京暦
- 京暦（大坂・松浦）
- 伊勢暦
- 南都（奈良）暦
- 丹生暦
- 三島暦
- 江戸暦
- 会津暦

地図中の記載：
- 弘前暦
- 田山暦
- 秋田暦
- 盛岡暦
- 盛岡絵暦
- 仙台暦
- 月頭（金沢）暦
- 薩摩暦

〈出典：『旧暦読本』岡田芳郎（創元社）〉

伊勢暦

寛政10年（1798）に発行された伊勢暦。地方暦のなかで最も人気があった。（国立国会図書館所蔵）

牛玉宝印 ── 約束事を記す用紙として用いられた烏文字の起請文

第三章 江戸庶民の伊参参りと熊野詣で

◉武士の起請文としても使われた牛玉宝印

日本の修験系寺社では厄除けの護符とするところが多いが、なかでも、熊野三山のそれは昔から広く知られていた。

熊野三山の牛玉宝印は、和紙に木版刷りで社名が記されている。文字は、熊野神の使者とされるカラスの姿を図案化した烏文字が用いられ、さらに、神仏の「みたま」の印である如意宝珠印が朱墨で記されている。

熊野の牛玉宝印は、本来の護符としての用途以外に、武士の起請文にもしばしば用いられた。牛玉宝印の裏に約束事を書き記すことで、熊野権現に誓願したのと同じ意味を持つとされた。

もし約束事が守られなかった場合、熊野のカラスが三羽死に、約束を破った者は血反吐を吐いて地獄に堕ち、殺したカラスから責め苦を受け続けるといわれた。

162

第三章　江戸庶民の伊勢参りと熊野詣で

牛玉宝印に誓いを立てた人々

豊臣秀吉
臨終に際し、五大老、五奉行に自分の死後、嫡男の秀頼に忠誠を尽くす旨の誓約文を、牛玉宝印の裏に書かせた。

源義経
兄源頼朝から謀反の疑いをかけられた際、牛玉宝印の裏に起請文をしたためて送った。

赤穂浪士
主君浅野匠頭の仇である吉良上野介邸に討ち入りをする際、仇討ちの成功を牛玉宝印に誓願した。

※ 牛玉宝印が使われたさまざまな逸話

鎌倉時代の歴史書『吾妻鏡』によれば、兄の源頼朝から謀反の疑いをかけられた源義経は、異心のないことを誓う起請文を牛玉宝印の裏にしたため、頼朝のもとへ送ったという。

また、『源平盛衰記』や『平家物語』には、頼朝から義経暗殺の命を受けて入洛した土佐房昌俊が、その目的を義経一行に見破られそうになり、身の潔白を誓う起請文を七枚の牛玉宝印に書き連ね、一部を灰にして飲み干し、危機を切り抜けたという逸話が見られる。

鎌倉時代中期には、僧侶間の争い事を収めるために牛玉宝印の起請文を用いた記録があ

163

り、戦国時代には武士同士の契約にも使われるようになった。また、終に際し、配下であった徳川家康をはじめとする五大老、五奉行に、自分の死後は嫡男である秀頼に忠誠を尽くす旨の誓約文を牛玉宝印の裏に記させたという。江戸時代の赤穂浪士も、仇討ちを牛玉宝印に誓願したとされる。

牛玉宝印を用いた起請文の習わしは、江戸時代になると商人などの庶民層にも広まり、さらには、遊女の商売道具としても普及した。常連客が離れないよう、遊女は、年期が明けたら一緒に所帯を持つといった誓いを牛玉宝印の裏にしたため、客に渡したという。

古典落語の『三枚起請』は、三人の客に同じ起請文を渡した遊女をめぐる話である。自分に起請文を渡した遊女が同一人物だと知った男たちは、談判するため一緒に遊郭へと乗り込む。しかし遊女は、三人の追及をのらりくらりとかわそうとする。

嘘の起請文を書くたびに熊野でカラスが三羽ずつ死ぬ、罰当たりだと言い募る男らに対し、遊女は「いっそ世の中のカラスを全部殺してしまいたい」と言う。「そんなにカラスを殺してどうなるんだ」と男らが問うと、遊女は「朝寝がしたいんだよ」と答える。熊野の起請文にまつわる伝承と、朝は誰にも邪魔されずに遅くまで寝ていたいという遊女の本音を絡めたオチである。

第三章　江戸庶民の伊勢参りと熊野詣で

熊野三山の牛玉宝印

熊野では、神の使いとされるカラスの姿を組み合わせた「牛玉宝印」が護符に用いられる。三山はそれぞれ異なる護符を用いており、かつては護符の裏面に誓約文を書いて取り交わす習わしがあった。

165

第三章 江戸庶民の伊勢参りと熊野詣で

西国三十三所観音巡礼
—— 伊勢参り、熊野詣での延長で結び付いた霊場

閻魔大王のお告げで開かれた西国巡礼

近世になると、御師の布教活動や伊勢講の発達などもあって伊勢参りが盛況を迎える一方、熊野詣では紀伊藩の神道政策の煽りを受けて下火となった。しかし、熊野詣ではかつてよりは参拝客を減らしたものの、那智を起点とする西国三十三所観音巡礼（西国巡礼）に組み込まれる形で、依然として続けられた。

観音菩薩は、人々を慈悲をもって救う仏として、当時広く信仰されていた。『法華経』には、三十三の姿に変化し即座に衆生を救うとあり、この現世利益が人気の理由だった。

西国巡礼の起源は、奈良時代に大和国長谷寺の徳道上人が亡くなったことにまで遡る。徳道上人は地獄で閻魔大王と面会し、「日本には観音菩薩の浄土が三十三ヵ所あり、それを巡った者は地獄に堕とさないことを約束するので、この巡礼を広く衆生に広めよ」と告げられる。死して三日後、閻魔大王より託された三十三個の宝印とともに生き返った徳道

第三章　江戸庶民の伊勢参りと熊野詣で

西国三十三所観音巡礼

① 那智山　青岸渡寺	番外　華頂山　元慶寺	㉗ 書寫山　圓教寺
② 紀三井山　護国院(紀三井寺)	⑮ 新那智山　観音寺 (今熊野観音寺)	㉘ 成相山　成相寺
③ 風猛山　粉河寺		㉙ 青葉山　松尾寺
④ 槇尾山　施福寺	⑯ 音羽山　清水寺	㉚ 巌金山　宝厳寺
⑤ 紫雲山　葛井寺	⑰ 補陀洛山　六波羅蜜寺	㉛ 姨綺耶山　長命寺
⑥ 壺阪山　南法華寺(壺阪寺)	⑱ 紫雲山　頂法寺(六角堂)	㉜ 繖山　観音正寺
⑦ 東光山　龍蓋寺(岡寺)	⑲ 霊麀山　行願寺(革堂)	㉝ 谷汲山　華厳寺
⑧ 豊山　長谷寺	⑳ 西山　善峯寺	
番外　豊山　法起院	㉑ 菩提山　穴太寺	番外霊場　善光寺
⑨ 興福寺南円堂	㉒ 補陀洛山　総持寺	番外霊場　高野山
⑩ 明星山　三室戸寺	㉓ 應頂山　勝尾寺	金剛峯寺奥の院
⑪ 深雪山　上醍醐寺	㉔ 紫雲山　中山寺	番外霊場　比叡山
⑫ 岩間山　正法寺(岩間寺)	番外　東光山　花山院(菩提寺)	延暦寺根本中堂
⑬ 石光山　石山寺	㉕ 御嶽山　清水寺	番外霊場　東大寺　二月堂
⑭ 長等山　園城寺(三井寺)	㉖ 法華山　一乗寺	番外霊場　四天王寺

近世になると熊野詣でが衰退する一方、伊勢信仰は隆盛を迎えるようになる。しかしこの頃、那智を起点とする西国三十三所観音巡礼が大衆化し、伊勢・熊野を一緒に巡礼することが一般化した。

上人は、弟子二人を伴って摂津国中山寺から三十三カ所を巡った。しかし、この時点では西国巡礼の習わしは広まらず、宝印も中山寺の石櫃に納められてしまった。

その後、平安中期に花山天皇が愛妾の死をきっかけに退位し出家、花山法皇として熊野へ参詣した。すると、眼前に熊野権現が現われ「途絶えてしまった徳道上人の西国巡礼を、河内国の仏眼上人という名僧を案内役に再興せよ」と託宣した。法皇はその言葉に従い、仏眼上人と協力し、那智山を一番札所として西国巡礼を再興した。ただし、以上の話はあくまで縁起譚であり、どこまで史実を踏まえているかははっきりしない。

伊勢、熊野を経由し畿内、日本海側へと向かう経路が一般化

花山法皇らにより再興後の最初の西国巡礼の記録は、応保元年（一一六一）、園城寺の覚忠が七十五日をかけて行なったものとされる。当時は巡礼道がまだ整備されておらず、主な巡礼者は聖や修行者であった。その後、室町時代、南北朝合一がなされた頃から、地方武士を中心とした俗人らも巡礼をするようになった。応仁の乱以降は、「巡礼の人、道路織るが如し」といわれるほどの盛況を見せ、関東地方をはじめとする東国の人々も多く訪れるようになった。「西国」という言葉が一般化したのもこの頃と見られる。

168

第三章　江戸庶民の伊勢参りと熊野詣で

青岸渡寺

西国三十三所観音巡礼の第一番にあたる青岸渡寺は、熊野那智大社に隣接する。

　観音の加護を得るために巡るべき霊場の数は、観音の変化の数から三十三カ所霊場であり、霊場の場所は昔から変わらないという。熊野の那智山青岸渡寺を第一番礼所とし、そこから紀伊半島を北へ進み、京都、河内、摂津、播磨、さらに日本海側に向かい丹後、若狭、近江を通り、美濃国華厳寺を最終地点とするのが、公的な巡礼路であった。

　熊野を基点とするこのような巡礼路が主流となったのは、東国からの巡礼者が、まず伊勢神宮に参拝してから、次いで伊勢路を経由して熊野詣でを行ない、そこから西国巡礼を開始すれば効率が良かったためと見られる。畿内や西日本からの巡礼者の場合は、これとは異なる巡礼路が存在していたという。

169

第三章 江戸庶民の伊勢参りと熊野詣で

伊勢と熊野の祭り

――それぞれの地に鎮座した神々を呼び感謝する儀式

◉一年の実りを天照大神に捧げる神嘗祭

 伊勢・熊野にはそれぞれ、古くからの伝統を守り続ける祭りがあるが、その内容を見てみると、それぞれの信仰の起源と密接に関わっていることがわかる。

 伊勢神宮において最も重要視されている祭りが神嘗祭で、これは、その年に収穫された新穂を天照大神へと捧げて、収穫に感謝し、翌年の豊作を願うものである。神嘗祭は十月十五日から二十五日にかけて行なわれるが、これに関連して、一年を通して多くの神事が行なわれている。

 四月には神田下種祭、五月には神田御田植初、九月には抜穂祭と、稲を育てて収穫へと至る祭りが、伊勢市内の神田を舞台に行なわれる。また、十月の御酒殿祭や御塩殿祭では、神嘗祭で天照大神に捧げられる神饌の材料が準備される。こうしたさまざまな祭りの成果が、十月の神嘗祭へと集約されていくのである。

第三章　江戸庶民の伊勢参りと熊野詣で

● 那智の火祭

午前中に大和舞・田楽舞・田植舞が奉納され、32本の扇を取り付けた扇神輿12体が本社から飛瀧神社へと向う。

扇神輿が飛瀧神社の前に至ると、扇ほめ神事が行なわれ、御霊が神輿へと移される。御瀧本では那瀑舞が奉納される。

拝所 那智滝

第五殿　第四殿　第三殿　第二殿　第一殿

青岸渡寺

鈴門　鈴門　鈴門　鈴門　鈴門

八神殿

鈴門

幣殿
礼殿

東門

御県神社　鈴門

祓殿

滝泉閣

バス那智山終点

至那智駅

至妙法山

参道の階段では大松明が立てられ、神輿を迎える。

那智の火祭は熊野那智大社の例大祭で、毎年7月14日に行なわれ、12本の松明が参道に並ぶ勇壮な祭りとして有名。この那智の火祭のほかにも、神倉神社では松明を手に氏子たちが神倉山を駆け抜けるお燈祭りがある。

171

神嘗祭に対応する形で、宮中においても、明治時代以降、神嘗祭賢所の儀が行なわれている。この神事では、天皇が伊勢神宮を遥拝し、五穀豊穣が祈られる。

古代の神々が降臨する熊野三社の例大祭

熊野では、三社が個別に催す例大祭が、祭事の中心となっている。こちらの祭りも、日本神話や熊野の神々との関わりがうかがえる内容となっている。

毎年四月十三日から十五日にかけて行なわれる熊野本宮大社の例大祭は、湯登神事に始まる。これは、稚児が八撥神事を前に身を清める神事で、この後、稚児らによって湯峯王子社において八撥神事が奉納されると、神職、修験者、氏子総代らに先導された一行は、大日越をして本宮へと戻る。大日越の際には稚児に神が憑依するとされ、地面に下ろすことはできないため、父親たちはずっと子供を肩車したまま移動する。十五日には、本宮の故地である大斎原へと舞台を移し、「有馬窟の歌」「花の窟の歌」が奏される。

毎年十月十五、十六日に行なわれる熊野速玉大社の例大祭では、まず、神馬渡御式が行なわれ、速玉大神の神霊が神馬に憑依して、一二〇名の供奉員とともに熊野川を渡る。続く御船祭では、神輿を乗せた神幸船と斎主船を諸手船が引き、これをさらに九艘の早船

第三章　江戸庶民の伊勢参りと熊野詣で

万物の根源となった火の神

- （頭）正鹿山津見神　山の神
- （腹）奥山津見神　奥山の神
- （胴）淤縢山津見神　山の神
- （右手）羽山津見神　山の端の神
- （十拳剣）天之尾羽張
- （陰部）闇山津見神　山の谷の神
- （左手）志芸山津見神　山の神
- （右足）戸山津見神　外山の神
- （左足）原山津見神　山の原の神

（血液）
- 石折神
- 根折神
- 石筒之男神
- 甕速日神
- 樋速日神
- 建御雷之男神
- 闇淤加美神
- 闇御津羽神

火の祭りを介して熊野は日本神話とつながる。『古事記』では、カグツチ神から多くの神々が生成されている。

　が引く形で熊野川の急流を遡上する。やがて、早船をつなぐ綱が解かれると、早船は一斉に速度を上げ、約二キロメートル上流の御船島の周囲を三周して勝敗を競う。

　熊野那智大社の例大祭は毎年七月十四日に行なわれ、一般に「那智の火祭」の名で広く知られている。午前中に大和舞、田楽舞、田植舞が奉納されたのち、午後の扇神輿渡御式となる。祭りの主役である扇神輿は那智大滝の形を模したもので、この十二体の扇神輿を、那智大滝のある飛瀧神社から那智大社へ登る石段の途中で、同じく十二体の大松明が迎える場面が、この祭事の最大の見せ場となる。この祭りは、熊野十二所の神々が那智に鎮座した伝説を再現しているといわれる。

173

参詣の作法

神聖な場所に身を置く前に求められるさまざまな約束事

◉外宮が内宮より優先される伊勢神宮

伊勢神宮には、「外宮先祭」の原則があり、外宮、内宮の順で参詣するのが正式な作法とされる。天照大神を祀る内宮よりも、外宮を先に参拝するのは、天照大神が外宮に豊受大神を祀るよう託宣した際、「我を祀るには豊受大神を先に」と命じたことに由来する。

そのため、神嘗祭をはじめとする神宮の祭りも、外宮、内宮の順に行なわれる。

参拝時の心得としては、『神拝式』に「五十鈴川か手水舎で口と手を清め、澄んだ心で鳥居をくぐり、みだりに言葉を発せず、参道の中央を歩くことは避け、たんつばを吐かず、夜の参拝も控えること」とあり、清浄な心身で厳粛に参拝することを求めている。

参拝方法は、明治以降に定められた「二拝二拍手一拝」が原則。二度の礼、二回の拍手、一礼をしてお祈りする。かつては、膝を突いて頭を下げながら四回拍手をしたという。祭事での神職は「八度拝」といって、立ったり座ったりを八回繰り返して八拍手をする。

第三章 江戸庶民の伊勢参りと熊野詣で

豊受大神を祀る外宮

伊勢神宮の参拝では外宮を先に参拝するしきたりとなっている。これは、『太神宮諸雑事記』において、天照大神が、自分を祀る際には先に豊受大神を祀るよう命じたことに由来するという。

❀ 上皇らに求められた厳しい精進潔斎

中世の熊野参詣は、「熊野精進第一」と呼ばれるほど、出発前から厳しい精進潔斎を求められた。上皇などが熊野詣でを立願すると、まずは陰陽師が御精進、出発の日を定める。御精進とは身を清める儀式のことで、その場所には、熊野行幸全盛期には主に鳥羽離宮が選ばれた。注連縄を張って清浄を区別した物忌、解除、経供養などを行なう。

精進屋で、五日から七日間ほど、厳重な物忌を断ち、ネギ、ニラ、ニンニク、魚肉などを断ち、産穢、死穢、女性の月水を遠ざけることなどが定められていた。そして、曼荼羅の前で『般若心経』を唱えながら、立ってはひざまずき、床に額を打ち付ける額突を

繰り返した。こうした精進の途中で過ちがあれば、最初からやり直しとなった。御精進を終えると出立となる。この日付も厳守されたため、鳥羽上皇は発熱を押して旅立っている。道中でも、定められた王子で川の水を浴びる水垢離、海浜で行なう潮垢離などの儀式を重ねた。

熊野本宮に至ると、社前を流れる音無川を徒歩で渡って社地へと入る。

本宮では、阿弥陀如来の前で奉幣や経供養を行ない、東の油戸門から退出。その後、那智、新宮、若宮王子などを巡拝し、往路と同じ経路で帰路についたという。京都からの往復だと総距離七百キロメートルにもおよぶ長旅だっただけに、参詣が成就した感激を綴った記録も多く残されている。

このような、出発前から始まる諸作法については、迷いの世界から悟りの世界へと上昇する「上求菩提」の過程を表わすとする見方もある。参詣により神と人が一体化したのちの帰路は、迷いの世界へ降りる「下化衆生」となる。

こうした厳しい精進潔斎の習わしも、鎌倉時代の頃には緩和され、庶民に門戸が開かれる契機となった。

第三章　江戸庶民の伊勢参りと熊野詣で

熊野参詣における精進潔斎

一、産穢事
　同人、夫も産生七ヶ日の間これを憚るべし。

一、慈悲事
　慈は他所にて食して来る事は苦しからず。但し奉幣の日は憚るべし。精進中食べし者は三ヶ日、葱はケ日憚るべし。

一、蒜事
　青二十三日憚る、辛は七十五日。

一、月水人事
　猪三十三日、鹿七十五日。精進の日は憚るべし、本陣は七ヶ日。

一、死穢事
　精進中取ってはならぬ別に法を守らず。

一、鳥、兎事
　重軽服の人憚りなし。

一、堂舎（寺）参詣事
　参詣した本人は当日憚るべし、但し地蔵堂（有骨堂）は七ヶ日憚る。

一、犬死に、犬産の事
　死穢所へ人を遣す事門前までは苦しからず。

一、精進には堂社（寺）参詣の人は庭までも入れない。

『熊野那智権現物忌精進』『熊野代官文書』には厳しい精進潔斎の決まりが記されている。

熊野参詣路

熊野はこの世の浄土と位置付けられ、往路に関しては迷いの世界から悟りの世界へと至る「上求菩提」、帰路については参詣によって神と一体化した人が再び迷いの世界へと下る「下化衆生」を表わすという。

第三章 江戸庶民の伊勢参りと熊野詣で

娯楽
── 参詣の旅に盛り込まれた「精進落とし」と「湯治」

◉伊勢神宮の眼前に発達した一大繁華街

中世から近世にかけて隆盛した庶民の伊勢参りや熊野詣でには、宗教的意味のほかに娯楽の要素もあったといえる。

伊勢から遠い東国や九州の人々にとって、伊勢参りは一生に一度の大旅行ともいえるものだった。そのため、道中の物珍しい風物を楽しんだり、ときには、地元にない農具や稲を手に入れたりするなど、旅の機会を最大限に利用しようとした。

庶民の伊勢参りは、主に十二月から四月の農閑期に行なわれた。伊勢に到着すると、御師の家で神楽を奏し、一生の思い出になるような豪華な料理に舌鼓を打った。そして、最大の目的である外宮、内宮への参拝を済ませると、さらに、二見浦の風景を楽しみ、末社を巡るなど、伊勢の名所を見て回った。

なかでも、伊勢参りを済ませた人々が必ずといってよいほど足を運んだのが、内宮と外

第三章 江戸庶民の伊勢参りと熊野詣で

伊勢周辺の娯楽

伊勢神宮の周辺には数多くの娯楽スポットが点在していた。大都市でしか見られない歌舞伎の興業も行なわれており、江戸時代の伊勢はさながら一大レジャー都市の様相を呈していた。

宮の間に位置する古市だった。ここは、芝居小屋と妓楼がずらりと並ぶ伊勢最大の繁華街で、伊勢参りの「精進落とし」の場として賑わっていた。古市の妓楼では毎夜、遊女の顔見世も兼ねて「伊勢音頭」が催され、せりあがる舞台上で華やかな衣装をまとった遊女たちが踊る様子は大変な人気を博した。参詣客の口伝えにより、伊勢音頭は各地に広まった。

そのほか、古市では歌舞伎や浄瑠璃などの芸能も盛んで、これもまた、参詣客の楽しみの一つだった。日本各地から客が集まる伊勢の舞台は、上方の歌舞伎役者の登竜門ともいわれた。

こうして伊勢参りを楽しんだ東国の人々の多くは、さらに、熊野、大坂、京都へと旅を続けた。さらに、船で四国に渡って金比羅参りをする場合もあったという。

◉潔斎の場であり湯治場であった熊野の温泉

熊野詣での場合は、近世においても道中に依然として困難が伴ったこともあり、娯楽の要素はそれほど見られないが、旅の疲れを癒す温泉は楽しみの一つだったといえるだろう。

本宮の手前には、第十三代成務天皇の時代に熊野の国造、大阿刀足尼によって発見されたという湯の峰温泉がある。日本最古の秘湯ともいわれるこの地は、「小栗判官」の物

180

第三章 江戸庶民の伊勢参りと熊野詣で

湯の峰温泉

熊野参詣の楽しみの一つが紀伊の温泉であった。なかでも湯の峰温泉は、参詣帰りの上皇や貴族が入浴してから帰路についたとされる。

語に登場することでも知られる。

中世には、熊野詣でを済ませた皇族や貴族がここで入浴し、疲れを癒してから帰途についたといわれる。十四世紀頃になると、熊野九十九王子の一つである湯峰王子が設けられ、本宮参拝前に湯垢離(ゆごり)をする潔斎の場として利用された。

時宗(じしゅう)の開祖である一遍(いっぺん)もここを訪れており、南北朝時代には時宗の念仏聖(ねんぶつひじり)が温泉を管理していたという。江戸時代になると、潔斎の場としての役割は薄れ、旅人や病人を癒す湯治場(とうじば)として利用されるようになった。

いずれにせよ、険(けわ)しい山道の途中にあるこの温泉は、いつの時代においても、旅人にとって何よりの休息の場であったことだろう。

第三章 江戸庶民の伊勢参りと熊野詣で

神饌

——特別な方法で準備され毎日供えられる神様の食事

日別朝夕大御饌祭

伊勢神宮の数多い祭事のなかでも、毎日執り行なわれるという点で特別な意味を持つ祭りが、外宮において朝夕に神饌(神の食事)を供える「日別朝夕大御饌祭」である。

古くは朝御饌・夕御饌といわれたこの祭りの由来は、豊受大神の鎮座伝説にまで遡る。

豊受大神を迎えるようにという天照大神の神託により、外宮の御垣内に御饌殿が設けられ、以来、天照大神の食事を毎日お供えするようになった。

日別朝夕大御饌祭に奉仕するのは、禰宜、権禰宜、宮掌に出仕二名の計五名。調理の準備は、朝五時(冬は六時)、潔斎した権禰宜らが木と木を摩擦させて忌火(種火)を起こすことから始まる。御饌の品目は、御飯三盛、御塩、御水、乾鰹、鯛(時期によって異なる)、海藻、野菜、果物、清酒三献となっている。

朝は八時(冬は九時)、夕方は十六時(冬は十五時)に「日別朝夕大御饌祭」が執り行

第三章　江戸庶民の伊勢参りと熊野詣で

🔴 伊勢の幸

伊勢神宮の周辺では、神嘗祭に捧げられる神饌の食材や、天照大神に捧げられる衣服などが調達される。

🔴 常典御饌

日別朝夕大御饌祭において毎日捧げられる神饌を常典御饌という。神饌を供えたのち神詞が奏上される。

183

なわれ、約一時間半かけて調理した神饌を捧げる。神饌は御饌殿に運ばれ、土器にトクラべという葉を敷き、そこに食事を盛り付ける。

お供えが終わると、禰宜が祝詞を奏上し、八度拝を繰り返して神饌を下げ、約四十分でこの祭りが終わる。調理時間も含めると、一日四時間以上をかけて、神饌に関する祭祀を毎日欠かさず続けていることになる。

現在では新鮮な魚や野菜をお供えしているが、平安時代のお供えは塩、米（強飯）、水が中心で、この三品は古来より重んじられた。

塩は、二見浦から海水を引き入れる「入浜式」の伝統製法で作られたものを御塩焼所において三角錐の形に焼いて固めたもので、「堅塩」と呼ばれる。このほかにも、米は神宮神田で収穫したもの、水は上御井神社の湧き水、素焼きの土器は神宮御料土器調製所で製作したものを用いるなど、自給が原則という神事のしきたりが守られている。

🌸 重視されたアワビ

神嘗祭や月次祭で捧げられる特別な食事は「由貴大御饌」と呼ばれ、多種多様な珍味が供えられる。

184

第三章　江戸庶民の伊勢参りと熊野詣で

熊野の神に捧げられる神饌

熊野速玉大社の例大祭では、掛魚、神酒、「オミタマ」と呼ばれる玄米の団子などが供えられる。

由貴大御饌のなかでもとくに重視される品がアワビ（鰒、鮑）で、生鰒、乾鰒、身取鰒、玉貫鰒など、さまざまな形態で供えられる。伊勢神宮の神饌に用いられるアワビの使用量は、生アワビで年間千三百杯以上、干しアワビはそれ以上になるという。

アワビは主に鳥羽市国崎から供進され、同地にある神宮御料鰒調製所で加工されている。明治維新以前には、伊勢神宮に納めるアワビを獲る「御潜神事」が毎年六月に行なわれていて、現在も、これを再現する同名の祭事が五月から七月頃に行なわれている。

一方、熊野の神饌についてはほとんど伝えられていないが、新宮の速玉大社では、十月十五日の例大祭において、御旅所に着いた神霊に、掛魚、神酒のほか、玄米で作った小さな団子「オミタマ」を供える習わしがある。

185

第三章 江戸庶民の伊勢参りと熊野詣で

名物と土産 ── ご当地の名物を味わい参詣達成を祝う

● 参拝客に愛されてきた和菓子と伊勢うどん

伊勢参りの参詣者は、現地でさまざまな名物を楽しみ、土産を持ち帰った。伊勢の名物といえばまず思い浮かぶ「赤福（あかふく）」は宝永四年（一七〇七）の創業で、その名は「赤心慶福（まごころをもって福が多いことを願う）」に由来する。江戸時代の白砂糖は大変な貴重品だったため、操業当初は塩餡で、その後、黒砂糖餡、白砂糖餡と変わっていった。

伊勢にはほかにもさまざまな名物がある。宮川の渡し場で繁盛した「へんば餅」、船参宮の船着場だった二軒茶屋の地名の由来となった「角屋（すみや）」の「二軒茶屋餅（もち）」もよく知られる。

黒く濃厚なつゆと柔らかい極太麺が特徴の伊勢うどんは、いつでもすぐに客に提供できるよう常にゆで続けたため、あるいは長旅で疲労した参詣客の胃に優しいよう配慮して、この形態になったといわれる。注文すればすぐに出てきて、素早く食べ終えることができた伊勢うどんは、一種のファーストフードとして好まれた。

第三章　江戸庶民の伊勢参りと熊野詣で

赤福本店

伊勢の参詣土産として有名な赤福は、宝永4年（1707）の創業。

故郷への伊勢土産としては、お札、伊勢暦のほか、丸薬（萬金丹）、白粉など、手軽に持ち帰れるものが一般に人気があった。

一方、熊野については、神社周辺に参詣客相手の飲食店や土産物屋が立ち並んで賑わうような状況は見られなかったようだ。ただ、本宮や田辺の宿では、熊野詣での達成を祝って餅をつく習慣があったという。本宮の宿では、東北地方からの参詣者らが、踊りや歌に合わせて、千本杵という細い杵を用いた餅つきをした。田辺の宿では、関東地方からの参詣者らがやはり餅をついて参詣達成を祝い、「山祝い餅」「山越え餅」などと呼ばれた。毎年春には、このような餅つきの光景が毎日のように見られたという。

187

こらむ　参詣伝説③

和泉式部と熊野

　熊野参詣の中辺路沿いの山中に、伏拝王子跡がある。この石祠と並ぶようにして「和泉式部供養塔」と伝えられる石塔が建つ。

　和泉式部は数々の恋愛遍歴を歌に詠んだことで知られる平安時代の女流歌人。そんな和泉式部にも、熊野と関わる伝承が残されている。

　数多くの恋愛から浮かれ女とも呼ばれた和泉式部は、後世、自らの罪を悔いて諸国を行脚したと伝えられる。そして熊野詣でに訪れた時、
「晴れやらぬ　身のうきくもの　たなびきて　月の障りとなるぞ悲しき」（風雅和歌集）

　と詠んだ。これはせっかく熊野本宮近くまで来たというのに、道中で生理が始まり、参詣することができないと嘆いたのだ。すると夢の中に熊野権現が現れ、
「もとよりも塵に交わる　神なれば　月の障りも　なにか苦しき」

　という神託を下した。熊野の神は衆生を救うために俗塵に交わっているので、血の穢れも参詣の障害にならないと告げたのである。和泉式部は安心して無事参詣を果たした。

　これは当時、女性の生理は穢れとして不浄とみなされたが、淨不淨を問わない熊野信仰はそれすらも問わないことを示したものである。この女人救済の説話は、熊野の山伏や比丘尼によって全国に流布し、女性の参拝者を獲得することにつながった。

【参考文献】

『民衆宗教史叢書 第1巻 伊勢信仰Ⅰ 古代・中世』萩原龍夫編、『民衆宗教史叢書 第13巻 伊勢信仰Ⅱ 近世』西垣晴次編、『民衆宗教史叢書 第21巻 熊野信仰』宮家準編(以上、雄山閣)／『熊野信仰と修験道』豊島修、『山岳宗教史研究叢書4 吉野・熊野信仰の研究』五来重編(以上、名著出版)／『伊勢の大神—神宮の展開』上田正昭編、『熊野権現—熊野信仰・修験道』和田萃編(以上、筑摩書房)／『伊勢神宮と出雲大社—「日本」と「天皇」の誕生』新谷尚紀、『熊野詣 三山信仰と文化』五来重、『死の国・熊野—日本人の聖地信仰』豊島修(以上、講談社)／『伊勢神宮 日本の神社4』櫻井勝之進、『熊野大社』篠原四郎(以上、学生社)／『伊勢神宮の成立』田村圓澄/『街道の日本史36 南紀と熊野古道』小山靖憲 笠原正夫編、『熊野修験』宮家準、『日本神道史』岡田荘司編(吉川弘文館)／『熊野三山信仰事典』加藤隆久編、『熊野大神』加藤隆久(以上、戎光祥出版)／『図説 東海道五十三次』今井金吾、『図説 伊勢神宮』松平乘昌(以上、河出書房新社)／『伊勢神宮—知られざる杜のうち』『伊勢神宮の衣食住』矢野憲一(角川学芸出版)／『伊勢神宮』藤谷俊雄 直木孝次郎(新日本出版社)／『熊野古道』小山靖憲(岩波書店)／『今昔東海道独案内』今井金吾(日本交通公社出版事業局)／『神社辞典』白井永二 土岐昌訓(東京堂出版)／『神道研究ノート』櫻井勝之進(国書刊行会)／『神道史概説』鎌田純一(神社新報社)／『東海道五十三次・百二十五里・十三日の道中』岸井良衛(中央公論社)／『東海道五十三次ハンドブック』森川昭(三省堂)／『日本の古社 伊勢神宮』三好和義ほか(淡交社)／『日本の神々 第6巻 伊勢・志摩・伊賀・紀伊』谷川健一編(白水社)／『別冊太陽 熊野 異界への旅』(平凡社)

青春新書 INTELLIGENCE

こころ涌き立つ「知」の冒険

いまを生きる

"青春新書"は昭和三一年に——若い日に常にあなたの心の友として、その糧となり実になる多様な知恵が、生きる指標として勇気と力になり、すぐに役立つ——をモットーに創刊された。

そして昭和三八年、新しい時代の気運の中で、新書"プレイブックス"にその役目のバトンを渡した。「人生を自由自在に活動する」のキャッチコピーのもと——すべてのうっ積を吹きとばし、自由闊達な活動力を培養し、勇気と自信を生み出す最も楽しいシリーズ——となった。

いまや、私たちはバブル経済崩壊後の混沌とした価値観のただ中にいる。その価値観は常に未曾有の変貌を見せ、社会は少子高齢化し、地球規模の環境問題等は解決の兆しを見せない。私たちはあらゆる不安と懐疑に対峙している。

本シリーズ"青春新書インテリジェンス"はまさに、この時代の欲求によってプレイブックスから分化・刊行された。それは即ち、「心の中に自らの青春の輝きを失わない旺盛な知力、活力への欲求」に他ならない。応えるべきキャッチコピーは「こころ涌き立つ"知"の冒険」である。

予測のつかない時代にあって、一人ひとりの足元を照らし出すシリーズでありたいと願う。青春出版社は本年創業五〇周年を迎えた。これはひとえに長年に亘る多くの読者の熱いご支持の賜物である。社員一同深く感謝し、より一層世の中に希望と勇気の明るい光を放つ書籍を出版すべく、鋭意すものである。

平成一七年

刊行者　小澤源太郎

監修者紹介
茂木貞純〈もてぎ さだすみ〉

昭和26年、埼玉県熊谷市に生まれる。49年國學院大學文学部神道学科卒業。55年同大大学院博士課程神道学専攻修了。神社本庁に入り教学研究室長、総務部長などを歴任。現在、國學院大學神道文化学部教授、神道宗教学会理事、熊谷市古宮神社宮司。著書に『神道と祭りの伝統』(神社新報社)、『日本語と神道』(講談社)、『知識ゼロからの伊勢神宮入門』(幻冬舎)、『遷宮をめぐる歴史』(明成社)、共編著書に『新神社祭式行事作法教本』(戎光祥出版)などがある。

図説　地図とあらすじでわかる！
伊勢参りと熊野詣で　　青春新書 INTELLIGENCE

2013年5月15日　第1刷

監修者	茂木　貞純
発行者	小澤源太郎
責任編集	株式会社プライム涌光

電話　編集部　03(3203)2850

発行所　東京都新宿区若松町12番1号　〒162-0056　株式会社青春出版社
電話　営業部　03(3207)1916　振替番号　00190-7-98602

印刷・共同印刷　製本・ナショナル製本
ISBN978-4-413-04396-0
©Sadasumi Motegi 2013 Printed in Japan

本書の内容の一部あるいは全部を無断で複写(コピー)することは著作権法上認められている場合を除き、禁じられています。

万一、落丁、乱丁がありました時は、お取りかえします。

こころ涌き立つ「知」の冒険!　青春新書 INTELLIGENCE

大好評! 青春新書の(2色刷り)図説シリーズ

図説

日本人の源流をたどる!
伊勢神宮と出雲大社

瀧音能之[監修]

なるほど、そんな違いがあったのか!
大和朝廷が重んじた
二大神社の成り立ちを探る。

ISBN978-4-413-04267-3　1100円

図説

地図とあらすじでわかる!
古事記と日本書紀

坂本　勝[監修]

天岩屋、ヤマタノヲロチ伝説、天孫降臨、
神武東征、倭の五王、
継体天皇の即位、乙巳の変…
なるほど、そういう話だったのか!
「記紀」の違いから、日本人の原点を探る。

ISBN978-4-413-04222-2　930円

お願い　ページわりの関係からここでは一部の既刊本しか掲載してありません。折り込みの出版案内もご参考にご覧ください。

※上記は本体価格です。(消費税が別途加算されます)
※書名コード(ISBN)は、書店へのご注文にご利用ください。書店にない場合、電話または
　Fax(書名・冊数・氏名・住所・電話番号を明記)でもご注文いただけます(代金引替宅急便)。
　商品到着時に定価+手数料をお支払いください。
　〔直販係　電話03-3203-5121　Fax03-3207-0982〕
※青春出版社のホームページでも、オンラインで書籍をお買い求めいただけます。
　ぜひご利用ください。〔http://www.seishun.co.jp/〕